다시 시작하는
청춘 영어 2

김지연 · 박경미 지음

다락원

다시 시작하는 청춘영어 2

지은이 김지연, 박경미
펴낸이 정규도
펴낸곳 (주)다락원

초판 1쇄 발행 2016년 1월 13일
개정판 1쇄 발행 2023년 12월 26일

총괄책임 허윤영
기획·책임편집 유나래
영문 감수 Michael A. Putlack
디자인 하태호(본문), 유혜영(표지)
전산편집 이현해
일러스트 권효실(본문), 최성원(표지)
이미지 shutterstock

다락원 경기도 파주시 문발로 211
내용문의: (02)736-2031 내선 523
구입문의: (02)736-2031 내선 250~252
Fax: (02)732-2037
출판등록 1977년 9월 16일 제406-2008-000007호

ISBN 978-89-277-0177-4   13740

http://www.darakwon.co.kr
다락원 홈페이지를 방문하시면 상세한 출판 정보와 함께 동영상 강좌,
MP3자료 등 다양한 어학 정보를 얻으실 수 있습니다.

영어 공부, 이제는 필요하다

해외여행을 갈 때, 영어 섞어 말하는 손주들과 대화할 때, 일상생활에서 영어로 된 간판이나 상품 이름을 접할 때 등, 영어는 더 이상 우리와 먼 세계의 일이 아닙니다. 대중매체나 공공장소에서도 영어를 많이 사용하게 되면서 평소에 영어를 접할 일은 더욱 많아졌습니다. 그래서 많은 분들이 영어공부를 시작해 보려고 마음 먹습니다.

한 걸음 더 나아가는 영어 첫걸음

이 책은 〈다시 시작하는 청춘영어〉 1권을 공부하고 다음 단계로 나아가고 싶은 분들이 공부하면 좋은 책입니다. 이제 막 왕초보에서 첫걸음을 뗐는데 다음에는 무슨 책으로 공부하면 좋을지 고민이셨다면 이 책으로 공부를 시작해 보세요. 1권이 너무 쉽다고 생각하시는 분들은 2권부터 공부하셔도 좋습니다. 2권이긴 하지만 영어를 어렵게 느끼는 왕초보 독자들을 위해 여전히 쉽고 친절하게 설명했습니다. 더 다양한 내용을 배울 수 있도록 전편에서 다루지 않았던 문법 사항을 담았고, 주제별 어휘도 더욱 풍성해졌습니다. 1권과 2권을 모두 끝내고 나면 이제 영어 왕초보에서 '왕' 자는 좀 떼었다고 생각하셔도 됩니다. 그러면 좀 더 자신감을 갖고 그 다음 단계로 나아갈 수 있습니다.

다시 시작하는 즐거운 영어 공부

1권에 이어 2권도 개정판을 출간하게 되어 기쁩니다. 개정판에서는 최근에 많이 쓰는 영어 표현을 반영하였고, 심화 학습을 위해 한 단계 더 높은 레벨의 문법 사항도 담았습니다. 모든 일이 그렇지만 첫걸음이 가장 중요합니다. 집을 지을 때도 토대부터 잘 닦아야 그 위에 벽돌을 하나하나 올려 멋진 집을 완성시킬 수 있는 것처럼, 영어도 기초를 잘 쌓아야 영어를 잘할 수 있습니다. 기초 단계를 너무 지겨워하지 말고 열심히 공부해 보세요. 기초가 쌓이고 쌓여 언젠가 영어가 입에서 자연스럽게 튀어나올 수 있게 됩니다. 이 책으로 공부를 시작한 모든 분들의 영어 실력이 쑥쑥 늘어나길 진심으로 응원합니다.

저자 김지연·박경미

▶▶▶ **왕초보에게도 어렵지 않습니다.**

영어에 어려움을 느끼는 왕초보들을 위해 아주 쉽고 자세하게 설명했습니다. 1권에서 배웠던 기초 문법도 다시 한 번 복습하기 때문에 처음 영어 공부를 시작하는 분들도 쉽게 이해할 수 있습니다. 또한 책의 앞뒤 내용이 서로 유기적으로 연결되어 있어 반복학습을 통해 차근차근 영어 실력을 늘려나갈 수 있습니다.

▶▶▶ **한 단계 더 나아간 문법과 어휘를 담았습니다.**

1권에서 배우지 않았거나 가볍게 훑고 지나간 문법을 실었습니다. 비교급과 최상급, 동명사와 to 부정사, 미래 시제 등 좀 더 확장된 문법 사항을 다루어 왕초보 딱지를 뗄 수 있도록 도와줍니다. 아픈 곳, 외모, 취미를 나타내는 표현 등 어휘도 더욱 풍성하고 다양해졌습니다. 1권과 2권을 모두 공부하면 영어 왕초보 단계에서 필요한 내용은 모두 내 것으로 만들 수 있습니다.

▶▶▶ **영어 발음을 한글로 쉽게 익힙니다.**

1권과 마찬가지로 영어를 읽기 힘들어 하는 분들을 위해 모든 단어와 문장에는 우리말로 발음을 표기했습니다. 진하게 표시된 글자는 강세를 두어 읽으세요. 정확한 발음은 원어민의 음성을 듣고 따라 하면 됩니다. 음원 파일 활용법은 교재 맨 뒤 페이지를 참고하세요.

▶▶▶ **저자의 강의를 통해 핵심 내용을 복습합니다.**

각 단원마다 내용을 요약한 저자의 영상 강의를 보면서 배운 내용을 복습할 수 있습니다. 또한 문법 사항만 따로 설명하는 음성 강의도 들을 수 있습니다. 모든 강의는 QR코드를 찍으면 무료로 보고 들을 수 있습니다. 자세한 강의 활용법은 교재 맨 뒤 페이지를 참고하세요.

이 책의 구성

PART 1
먼저 알아 두기

영어를 공부하기 전에 미리 알아 두어야 할 내용을 담았습니다.

알파벳 읽기와 쓰기
알기 쉬운 알파벳의 소리
영어와 한국어의 차이점
꼭 알아 둘 문법 용어

PART 2
차근차근 공부하기

본격적인 학습이 진행되는 부분으로, 20개의 단원으로 이루어져 있습니다. 각 단원은 다음과 같이 구성됩니다.

말하기 공식 필수 말하기 공식을 익힙니다.

표현 배우기 말하기 공식을 바탕으로 일상생활에서 활용할 수 있는 표현들을 배웁니다.

대화하기 옆 사람과 함께, 또는 음원을 들으며 자연스럽게 대화하는 연습을 합니다.

문법 익히기 앞에서 배운 표현과 관련된 문법 사항을 공부합니다.

확인하기 간단한 문제를 풀어 보며 지금까지 학습한 내용을 확인합니다.

문장 따라 쓰기 주요 문장들을 따라 써 보며 내 것으로 만듭니다.

생활 속 영어 익히기 실생활에서 자주 접하는 유용한 영어 표현의 의미를 익힙니다.

PART 3
더 깊이 배우기

더 많은 내용을 알고 싶은 분들을 위한 부분입니다.

말하기 표현 PART 2의 '표현 배우기'에 학습자 본인의 상황에 맞게 말해 보는 연습 문제가 있는데, 그때 쓸 수 있는 표현들이 제시되어 있습니다.

한눈에 보는 문법 정리표 앞에서 배운 문법 사항이 한눈에 보기 쉽게 정리되어 있습니다.

목차

PART 1

먼저 알아 두기

알파벳 읽기와 쓰기

영어를 표기하는 26개의 알파벳은 대문자와 소문자로 쓸 수 있습니다.

● 다음 알파벳 이름을 읽어 보세요.

대문자	소문자	이름
A	a	에이
C	c	씨
E	e	이
G	g	쥐
I	i	아이
K	k	케이

대문자	소문자	이름
B	b	비
D	d	디
F	f	에프
H	h	에이치
J	j	제이
L	l	엘

※ a는 ɑ, g는 g로도 씁니다.

한글 자모에서 ㄱ은 '기역', ㄴ은 '니은', ㄷ은 '디귿'처럼 따로 이름이 있듯이, 알파벳에도 각각 이름이 있습니다.

대문자	소문자	이름
M	m	엠
O	o	오우
Q	q	큐
S	s	에스
U	u	유
W	w	더블유
Y	y	와이

대문자	소문자	이름
N	n	엔
P	p	피
R	r	알
T	t	티
V	v	뷔
X	x	엑스
Z	z	지

대문자와 소문자는 어떻게 구별해서 써야 할까요? 대문자는 다음과 같은 경우에만 사용하고, 나머지는 소문자로 쓰면 됩니다.

● 문장을 시작할 때 첫 글자는 항상 대문자로 씁니다.

문장의 첫 글자

She has long hair. 그녀는 긴 머리를 갖고 있어요.

My phone is big. 내 전화기는 커요.

● 사람 이름이나 나라 이름, 도시 이름을 쓸 때 맨 첫 글자를 대문자로 씁니다. 이름이니까 알아보기 쉽게 하려는 것이죠. 이런 것을 고유 명사라고 합니다.

사람 이름

My name is Yujin. 제 이름은 유진입니다.

도시 이름　　나라 이름

I lived in Seoul, Korea. 나는 한국의 서울에 살았어요.

● '나'를 뜻하는 I는 항상 대문자로 씁니다.

항상 대문자

I'm tired. 나는 피곤합니다.

Am I tall? 제가 키가 크나요?

● 다음 단어에 들어간 첫 알파벳을 순서에 맞게 따라 써 보세요.

AT   at

BAG   bag

CAP   cap

DAD   dad

EGG   egg

FAN   fan

GO   go

HOT   hot

I	IN	i	in
J	JOG	j	jog
K	KEY	k	key
L	LIP	l	lip
M	MAN	m	man
N	NO	n	no
O	ONE	o	one
P	PEN	p	pen
Q	QUIZ	q	quiz

R **RUN**	r **run**
S **SEE**	s **see**
T **TALL**	t **tall**
U **UP**	u **up**
V **VAN**	v **van**
W **WE**	w **we**
X **X-RAY**	x **x-ray**
Y **YES**	y **yes**
Z **ZOO**	z **zoo**

알기 쉬운 알파벳의 소리

알파벳은 모음 5개와 자음 21개로 구분할 수 있습니다.

● 모음

소리가 목구멍에서 입 밖으로 나올 때까지 아무런 걸림 없이 나는 것을 '모음'이라고 합니다. a, e, i, o, u에서 모음 소리가 납니다. [아, 에, 이, 오, 우]로 발음되는 것들이 대표적인 모음 소리인데, 모음은 위치에 따라 다양한 소리를 내기 때문에 일일이 발음을 확인해야 합니다.
주의할 점은, u가 [어]로 발음될 때는 모음으로 보지만 [유]로 발음될 때는 모음으로 보지 않고 자음으로 본다는 것입니다.

글자	A a	E e	I i	O o	U u
이름	에이	이	아이	오우	유
소리	**어** again [어겐]	**에** egg [에그]	**이** in [인]	**아** sock [싹]	**어** up [업]
	오 tall [톨]	**어** her [허]	**아이** like [라이크]	**오** long [롱]	**우** June [준]
	애 hat [햇]	**이** she [쉬]		**오우** rope [로웁]	**유** cute [큐트]
	아 bar [바]	**으** open [오픈]			
	에이 came [케임]				

알파벳은 글자 하나가 하나의 소리만 내는 것도 있지만 두세 개의 소리를 내는 것도 있어요.
각각의 알파벳이 어떤 소리를 낼 수 있는지 알아 두면 발음하기가 훨씬 쉬워집니다.

● 자음

모음을 뺀 나머지 소리를 '자음'이라고 합니다. 목구멍에서 나온 소리가 혀나 혀뿌리, 입술, 치아 등에 막혀서 여러 소리를 내죠. 참고로, w와 y는 자음이지만 모음처럼 걸림 없는 소리가 나기 때문에 '반모음'이라고도 부릅니다.

글자	B b	C c	D d	F f	G g	H h	J j
이름	비	씨	디	에프	쥐	에이치	제이
소리	**브** bag [백]	**크** cap [캡] **쓰** cell [쎌]	**드** dad [대드]	**프** fan [팬]	**그** go [고우] **즈** gem [젬]	**흐** hot [핫]	**즈** jog [자그]

글자	K k	L l	M m	N n	P p	Q q	R r
이름	케이	엘	엠	엔	피	큐	알
소리	**크** key [키]	**르** lip [립]	**므** man [맨]	**느** no [노우]	**프** pen [펜]	**크우** quiz [퀴즈]	**르** run [런]

글자	S s	T t	V v	W w	X x	Y y	Z z
이름	에스	티	뷔	더블유	엑스	와이	지
소리	**쓰/스** see [씨] boss [보스] **즈** rose [로우즈]	**트** time [타임]	**브** van [밴]	**우** we [위]	**크스** six [씩스] **그즈** exit [에그짓]	**이** yes [예스] **아이** by [바이]	**즈** zoom [줌]

영어와 한국어의 차이점

영어와 한국어는 어떤 차이가 있을까요? 대표적인 차이점을 살펴보겠습니다.

● 자음과 모음의 개수

한글의 자모, 즉 ㄱ, ㄴ, ㄷ, ㄹ…, ㅏ, ㅑ, ㅓ, ㅕ…는 모두 24개인데, 알파벳은 26개입니다. 이 중에서 자음과 모음의 개수는 다음과 같습니다.

> 한글 **자음 14개 + 모음 10개 = 24개**
> 영어 **자음 21개 + 모음 5개 = 26개**

● 영어는 한 줄로 쓴다

한글은 초성+중성+종성을 모아 하나의 글자로 조합해서 쓰지만, 영어는 글자를 한 줄로 늘어 놓고 씁니다.

> 한글 **말**   영어 **horse**

● 영어는 목적어가 뒤에 온다

영어랑 우리말은 어순이 다릅니다. 예를 들어, 영어에서는 '나는 너를 사랑해.'라고 쓰지 않고 '나는 사랑해 너를'이라고 씁니다. 한국말은 끝까지 들어 봐야 알고, 영어는 앞부분만 들어도 안다고 하는 게 이 때문이죠. 영어는 이렇게 결론부터 얘기하는 것을 좋아합니다.

● 영어에는 조사(토씨)가 없다

영어에는 우리말의 '은/는/이/가' 같은 조사(토씨)가 없습니다. 그래서 I love you.를 '내가 너를 사랑해.'로 해석해도 되고 '나는 너를 사랑해.'라고 해도 되죠. 문맥에 따라 적절하게 해석하면 됩니다. 참고로 외국인이 한국어를 배울 때 제일 힘들어하는 부분도 조사라고 하네요.

> 한국어 **나는 너를 사랑해. / 내가 너를 사랑해.**　　　영어 **I love you.**

● 영어에는 강세가 있다

영어 단어에는 강하게 읽어야 하는 부분이 있는데, 이것을 '강세'라고 해요. 이 책에서는 알기 쉽게 한글로 발음을 표기하고 강세가 있는 부분을 진하게 표시했어요.

> 한국어 **아침**　　　영어 **morning** [모닝]

● 영어는 작은 단위부터 말한다

우리는 주소를 말할 때 '대한민국 서울특별시 종로구 청와대로 1'처럼 큰 단위부터 작은 단위로 말하지만, 영어에서는 거꾸로 작은 단위부터 말합니다. 서양인은 개인을 먼저 생각하고, 동양인은 집단을 먼저 생각하는 차이가 언어에도 반영됐다고 해요.

> 한국어 **대한민국 서울특별시 종로구 청와대로 1**
> 영어 **1, Cheongwadae-ro, Jongno-gu, Seoul, Republic of Korea**

꼭 알아 둘 문법 용어

앞으로 공부할 때 미리 알아 두어야 할 기본 문법 용어를 미리 배워 봅시다.

● 품사

품사는 어떤 단어의 성질을 나타내는 말입니다. 영어에는 8개의 품사가 있습니다. 이 중에서
명사, 대명사, 동사, 형용사는 기초 단계에서 가장 중요한 개념이니 잘 알아 두세요.

품사	설명	예
명사	사람, 동물, 물건, 장소의 이름 및 추상적인 개념	**Linda** 린다 **cat** 고양이 **pen** 펜 **hope** 희망
대명사	명사를 대신해서 쓰는 말	**I** 나는 **you** 너는 **it** 그것은
동사	사람이나 사물의 움직임이나 상태를 나타내는 말	**walk** 걷다 **like** 좋아하다
형용사	사람이나 사물의 상태나 성격을 나타내는 말	**happy** 행복한 **big** 큰
부사	뜻을 강조하거나 첨가하는 말	**so** 아주 **also** 또한
전치사	명사 앞에서 장소, 시간, 방향, 방법 등을 나타내는 말	**in** ~안에 **behind** ~뒤에
접속사	앞뒤의 말을 연결하는 말	**and** 그리고 **or** 또는
감탄사	감탄할 때 쓰는 말	**oh** 오

● 문장 성분

문장 성분에는 주어, 서술어(동사), 목적어, 보어가 있습니다. 같은 품사라도 위치에 따라 다른 문장 성분으로 쓰일 수 있습니다. 예를 들어 명사는 문장에서 주어, 목적어, 보어가 모두 될 수 있어요. 영어 문장에는 기본적으로 주어와 동사가 각각 하나 이상 있어야 합니다. 여기에 목적어, 보어 등의 말이 추가되는 것이죠. 문장 성분에 들어가지 않는 말은 수식어구라고 합니다.

문장 성분	설명	예
주어	문장의 주인이 되는 말. 어떤 행동이나 상태의 주체	**I love you.** 나는 너를 사랑해.
서술어(동사)	주어의 상태나 동작을 나타내는 말	**I love you.** 나는 너를 사랑해.
목적어	동사의 대상이 되는 말. 우리말에서 '~을/를'의 조사가 붙는 말	**I love you.** 나는 너를 사랑해.
보어	주어나 목적어를 보충 설명해 주는 말 (명사 또는 형용사)	**I'm a teacher.** 나는 교사입니다.

● 문장의 종류

문장은 기능에 따라 평서문, 부정문, 의문문으로 나눌 수 있습니다.

문장의 종류	설명	예
평서문	마침표(.)로 끝나는 문장	**I love you.** 나는 너를 사랑해.
부정문	'아니다'라는 뜻을 갖는 not이 들어 있는 문장	**I don't love you.** 나는 너를 사랑하지 않아.
의문문	물음표(?)로 끝나는 문장으로, 내용을 확인하거나 정보를 얻기 위해 물어보는 문장	**Do you love me?** 너는 나를 사랑하니?

PART 2

차근차근 공부하기

영어에서 가장 기본이 되는 말은 나 자신에 대해 말하는 것입니다.
내 감정과 상태를 표현하고, 내가 좋아하고 하고 싶은 일도 영어로 말해 봅시다.

나에 대해 말하기

01 I'm so excited.
나는 아주 신나요.

Yujin **I'm so tired.**
아임 쏘 타이어드

Junho **I'm so excited.**
아임 쏘 익싸이티드

Harim **I'm so bored.**
아임 쏘 보어드

Sejun **I'm not so bored.**
아임 낫 쏘 보어드

말하기 공식

I'm so + 감정·상태 **.**   나는 아주 _____하다.

I'm not so + 감정·상태 **.**   나는 그다지 _____하지 않다.

듣고 따라해 보세요.
01-1

유진   나는 아주 피곤해요.

준호   나는 아주 신나요.

하림   저는 아주 지루해요.

세준   저는 그다지 지루하지 않아요.

단어

I'm [아임] 나는 ~하다
(I am의 줄임말)

so [쏘] (긍정문) 아주;
(부정문) 그다지, 별로

tired [타이어드] 피곤한

excited [익싸이티드] 신난,
흥분한

bored [보어드] 지루해하는

not [낫] ~아니다, 않다

-ed로 끝나는 감정과 상태 형용사

worried [워리드] 걱정하는   **surprised** [써프라이즈드] 놀란

pleased [플리즈드] 기쁜   **confused** [컨퓨즈드] 혼란스러워하는

depressed [디프레스트] 우울한   **scared** [스케어드] 무서워하는

shocked [샥트] 충격을 받은   **annoyed** [어노이드] 짜증이 난

embarrassed [임배러스트] 난처한, 창피한   **impressed** [임프레스트] 감명받은

amazed [어메이즈드] 깜짝 놀란   **exhausted** [이그조스티드] 지친, 기진맥진한

표현 배우기 # 감정·상태

01-2

감정과 상태를 나타내는 형용사 중에는 유독 -ed로 끝나는 단어가 많아요. 이런 단어들은 동사에서 왔습니다. 예를 들어 bore[보어]는 '지루하게 하다'라는 뜻의 동사인데, 단어 끝에 -ed가 붙어 bored[보어드]가 되면 '지루해하는'이란 뜻의 형용사가 되죠.

마찬가지로 동사 surprise[써프라이즈: 놀라게 하다], please[플리즈: 기쁘게 하다], confuse[컨퓨즈: 혼란스럽게 하다]도 끝에 -ed가 붙으면 형용사가 됩니다. 그런데 이렇게 -e로 끝나는 단어에는 -d만 붙어요. 한편 worry[워리: 걱정시키다]처럼 '자음 + y'로 끝나는 동사를 형용사로 만들 때는 y를 i로 바꾸고 -ed를 붙입니다. 그래서 worried[워리드]가 되지요.

'나는 ~하다'라고 내 감정이나 상태를 말하고 싶을 때는 I'm[아임] 뒤에 이렇게 -ed로 끝나는 감정·상태 형용사를 넣어서 말해 보세요. '나는 아주 ~하다'라고 내 감정과 상태를 강조하고 싶을 때에는 I'm so[아임 쏘] + 형용사.로 표현합니다.

● 주어진 표현을 빈칸에 넣어 문장을 말해 보세요.

worried
[워리드]

surprised
[써프라이즈드]

pleased
[플리즈드]

I'm so _____.
나는 아주 걱정돼요.

I'm so _____.
나는 아주 놀랐어요.

I'm so _____.
나는 아주 기뻐요.

● 지금 느끼는 자신의 감정이나 상태를 말해 보세요.

I'm so _____.

▶ 가능한 표현들을 222쪽에서 확인해 보세요.

030　나에 대해 말하기

당신은 감명받았나요?

질문 **Are you impressed?**
아 유 임프레스트
당신은 감명받았나요?

대답 **Yes, I'm so impressed.**
예스 아임 쏘 임프레스트
네, 저는 아주 감명받았어요.

Are you ~?

'당신은 (형용사)해요'는 영어로 You are (형용사).입니다. 이 문장을 '당신은 (형용사)하나요?'라는 의문문으로 만들려면 be동사 are와 주어 you의 위치를 바꿔서 Are you (형용사)?로 묻습니다. 긍정의 대답일 때는 Yes[예스], 부정의 대답일 때는 No[노우]로 말할 수 있습니다.

● 빈칸에 알맞은 말을 넣어 대화를 완성해 보세요.
▶ 정답 200쪽

Harim **Are you scared?**
넌 무섭니?

Aarav **Yes, I'm so _____.**
응, 나는 아주 무서워.

Are you scared, too?
너도 무섭니?

Harim **No, I'm so _____!**
아니, 난 아주 신나!

scared

excited

문법 익히기

부사

● **형용사를 강조하는 부사**

사람이나 사물의 성질을 나타내는 말을 **형용사**라고 합니다. happy[해피: 행복한], angry[앵그리: 화난] 같이 감정을 나타내는 형용사도 있고 bored[보어드: 지루해하는], tired[타이어드: 피곤한], sick[씩: 아픈], thirsty[써스티: 목마른] 같이 상태를 나타내는 형용사도 있어요. be동사(am/are/is) 뒤에 형용사가 오면 '~하다'라는 뜻이 됩니다.

부사는 형용사의 뜻을 강조해 주는 말입니다. 예를 들어 so[쏘: 아주], very[베리: 매우], too[투: 너무] 같은 단어가 부사에 해당합니다. very[베리]보다 so[쏘]가 좀 더 강한 느낌을 주고 too[투]는 부정적인 느낌을 강조할 때 써요. 이런 부사를 형용사 앞에 넣으면 내가 느끼는 감정이나 상태를 더 강조해서 표현할 수 있어요. 예를 들어 I'm bored.[아임 보어드]는 '나는 지루해요'이지만 I'm so bored.[아임 쏘 보어드]는 '나는 아주 지루해요'라는 강조의 의미가 되는 거죠.

참고로 부사 so는 부정문에서는 '그다지'라는 뜻으로 쓰여요. 그래서 I'm not so[아임 낫 쏘]라고 부정문으로 쓰면 '나는 그다지 ~하지 않다'라는 의미가 됩니다.

I'm 나는 ~이다	**+**	**so** 아주(부사)	**+**	**bored.** 지루해하는(형용사)

I'm too scared.

[아임 투 스케어드]

나는 너무 무서워요.

I'm very confused.

[아임 베리 컨퓨즈드]

나는 매우 혼란스러워요.

확인하기

▶ 정답과 자세한 해설은 200쪽에 있습니다.

A 우리말 뜻과 영어 단어를 바르게 연결하세요.

(1) 기쁜 •   • bored

(2) 우울한 •   • pleased

(3) 놀란 •   • depressed

(4) 지루해하는 •   • annoyed

(5) 짜증이 난 •   • surprised

B 우리말 해석에 맞게 괄호 안의 단어들을 배열하세요.

(1) 나는 아주 감명받았어요. (impressed / so / I'm)

→ _____

(2) 나는 그다지 무섭지 않아요. (scared / not / I'm / so)

→ _____

C 다음 문장을 완성하세요.

(1) 나는 아주 걱정돼요.

I'm so _____ .

(2) 나는 아주 충격을 받았어요.

I'm _____ _____ .

(3) 당신은 피곤한가요?

_____ you _____ ?

(4) 나는 그다지 신나지 않아요.

_____ _____ so _____ .

● 문장을 따라 쓰면서 연습해 보세요.

I'm so tired.

I'm so excited.

I'm so bored.

I'm not so bored.

Are you impressed?

Yes, I'm so impressed.

backpack 백팩

등에 메는 '배낭'을 의미합니다. back[백]은 '뒤쪽'이란 뜻인데 신체 부위인 '등'을 뜻하기도 해요. pack[팩]은 '꾸러미'란 뜻이에요. 한국에서는 등산용 배낭을 '룩색'이라고도 하는데 영어로는 rucksack[럭쌕]이라고 읽습니다.

cross bag 크로스 백

cross[크로스]는 '가로지르다'란 뜻이고 bag[백]은 '가방'을 뜻합니다. 크로스 백은 긴 끈이 달려 있어서 어깨를 가로질러 메고 다닐 수 있는 가방을 말해요. 실제 영어로는 '어깨'를 뜻하는 shoulder[쇼울더]를 써서 shoulder bag[쇼울더 백]이라고 해요.

clutch bag 클러치 백

clutch[클러치]는 '움켜 잡기, 꽉 쥐기'란 뜻입니다. 클러치 백은 보통 끈이나 손잡이가 달려 있지 않고, 한손에 쥘 수 있도록 디자인된 작고 가벼운 가방을 말해요. 여자들이 격식 있는 자리에 나갈 때 많이 들고 가는 가방이죠.

pouch 파우치

pouch[파우치]는 '작은 주머니'란 뜻입니다. 화장품이나 손거울, 이어폰 등 각종 소지품을 안전하게 휴대할 목적으로 넣는 주머니를 말하죠. 가방 속에서 이리저리 굴러 다니는 물건들을 파우치에 쏙 담아 정리할 수 있어요.

02 I have a headache.
저는 머리가 아파요.

Julie **I have a cold.**
아이 해브 어 코울드

Kevin **I have a headache.**
아이 해브 어 헤드에이크

Linda **I have an earache.**
아이 해브 언 이어에이크

I don't have a headache.
아이 돈트 해브 어 헤드에이크

말하기 공식

I have a/an + [질병] .
나는 _____을 앓고 있다.

I don't have a/an + [질병] .
나는 _____을 앓고 있지 않다.

줄리	저는 감기에 걸렸어요.
케빈	저는 머리가 아파요.
린다	저는 귀가 아파요.
	전 머리는 아프지 않아요.

단어

have [**해**브] 가지고 있다;
(병을) 앓다

a [어] 하나의

cold [**코**울드] 감기

headache [**헤**드에이크] 두통

an [언] 하나의
(모음으로 시작하는 단어 앞에 사용)

earache [**이**어에이크] 귓병

don't [**돈**트] ~하지 않다
(do not의 줄임말)

신체 부위 뒤에 '통증'이란 뜻의
ache[에이크]를 넣어 아픈 곳을
표현할 수 있어요.

아픈 곳을 나타내는 표현

toothache [투쓰에이크] 치통
backache [백에이크] 요통, 허리 통증
stomachache [스터먹에이크] 위통, 복통
cough [코프] 기침
fever [피버] 열
flu [플루] 독감

sore throat [쏘어 쓰로웃] 인후염, 목 아픔
sore eye [쏘어 아이] 눈병
stuffy nose [스터피 노우즈] 코 막힘
runny nose [러니 노우즈] 콧물
bloody nose [블러디 노우즈] 코피
stiff neck [스티프 넥] 뻐근한 목

아픈 곳

동사 have[해브]는 '~을 가지고 있다'라는 뜻입니다. have 뒤에 명사를 써서 그 명사를 소유하고 있다는 뜻을 나타내죠. 질병을 가지고 있는 것은 아프다는 의미겠죠? 그래서 '나는 ~가 아프다'라고 할 때 동사 have를 써서 I have a/an ~.으로 말해요.

질병을 나타내는 단어를 살펴보면 신체 부위 뒤에 '통증'을 뜻하는 ache[에이크]가 붙은 단어가 많아요. head[헤드: 머리] 뒤에 ache가 오면 '두통', tooth[투쓰: 치아] 뒤에 ache가 오면 '치통'이라는 뜻이 되죠. 또 '형용사 + 신체 부위'로 아픈 곳을 나타내기도 해요. sore[쏘어]는 '염증을 일으킨', throat[쓰로웃]은 '목구멍 안쪽'을 가리키므로 sore throat은 '목 아픔, 인후염'이라는 뜻이 됩니다. 목 바깥쪽은 neck[넥]이라고 하는데, '뻐근한 목, 뻣뻣한 목'을 stiff neck[스티프 넥]이라고 해요. '코'를 뜻하는 nose[노우즈] 앞에 runny[러니: 콧물이 흐르는]가 오면 '콧물', bloody[블러디: 피가 나는]가 오면 '코피'라는 뜻이 됩니다.

● 주어진 표현을 빈칸에 넣어 문장을 말해 보세요.

stiff neck
[스티프 넥]

I have a _____.
나는 목이 뻐근해요.

runny nose
[러니 노우즈]

I have a _____.
나는 콧물이 나와요.

● 어디가 아픈지 말해 보세요.

I have a/an _____.

▶ 가능한 표현들을 222쪽에서 확인해 보세요.

대화하기

어디 아파요?

질문 **You look terrible. What's wrong?**
유 룩 테러블 와츠 롱
안색이 안 좋아 보여요. 어디 아파요?

대답 **I have a toothache.**
아이 해브 어 투쓰에이크
나는 이가 아파요.

You look terrible. What's wrong?

look[룩] 뒤에 형용사가 들어가면 '~해 보이다'라는 뜻이 돼요. terrible[테러블]은 '엉망인, 몸이 안 좋은'이란 뜻이라 You look terrible.[유 룩 테러블]은 '당신은 아파 보여요'란 의미가 됩니다. 한편 wrong[롱]은 '잘못된'이라는 뜻이므로 What's wrong?[와츠 롱]은 '무엇이 잘못됐나요?', 즉 '어디가 아파요?'라는 뜻이에요. 상대방의 안색이 나쁠 때 걱정하면서 물어볼 수 있는 표현이죠.

● 빈칸에 알맞은 말을 넣어 대화를 완성해 보세요.   ▶ 정답 201쪽

Yujin **You look terrible. What's wrong?**
안색이 안 좋아 보여요. 어디 아파요?

Junho **I have a _____.**
나는 배가 아파요.

You also look terrible.
What's wrong?
당신도 안색이 안 좋아 보여요. 어디 아파요?

Yujin **I have a _____.**
나는 열이 있어요.

일반동사 부정문, 셀 수 있는 명사

● 일반동사의 부정문

일반동사란 주어의 동작 또는 상태를 나타내는 동사로, have[해브]가 대표적인 일반동사입니다. 주어가 I(나는)이고 일반동사가 쓰인 문장을 부정문으로 만들 때는 동사 앞에 do not[두 낫]의 줄임말인 **don't**[돈트]를 붙여요. 그래서 I have의 부정형은 I don't have[아이 돈트 해브]가 되죠.

| I
나는(주어) | + | don't
아니(부정어) | + | have
가지고 있다(동사) | + | a headache.
두통을(목적어) |

● 형체가 없는 셀 수 있는 명사

dog[도그: 개], book[북: 책], apple[애플: 사과]처럼 형체가 분명해서 셀 수 있는 명사를 **셀 수 있는 명사**라고 합니다. 하지만 headache[헤드에이크: 두통], cold[코울드: 감기] 등 대부분의 질병은 눈에 보이는 형체가 없는데도 셀 수 있는 명사로 취급돼요. 그래서 질병 이름 앞에는 '하나의'를 뜻하는 부정관사 a[어]나 an[언]을 붙여야 합니다. earache[이어에이크]처럼 모음(a, e, i, o, u)으로 시작하는 셀 수 있는 명사 앞에는 a 대신 an이 오죠.

단, '독감'을 뜻하는 단어 flu[플루]는 셀 수 없는 명사입니다. 그래서 '나는 독감에 걸렸어요'라고 할 때는 a[어] 대신 the[더]를 써서 I have the flu.[아이 해브 더 플루]라고 해요.

a headache
[어 **헤드에이크**]
두통

a cold
[어 **코울드**]
감기

an earache
[언 **이어에이크**]
귓병

A 영어 단어와 우리말 뜻을 바르게 연결하세요.

(1) toothache •   • 기침

(2) fever •   • 치통

(3) cough •   • 귓병

(4) flu •   • 열

(5) earache •   • 독감

B 우리말 해석에 맞게 괄호 안의 단어를 배열하세요.

(1) 나는 콧물이 나와요. (have / I / nose / a / runny)

→ _____

(2) 나는 배가 아프지 않아요. (a / don't / stomachache / have / I)

→ _____

C 다음 문장을 완성하세요.

(1) 나는 머리가 아파요.

I _____ a headache.

(2) 나는 감기에 걸렸어요.

I have _____ _____.

(3) 나는 허리가 아파요.

I _____ _____ _____.

(4) 나는 열이 나지 않아요.

I _____ a _____.

● 문장을 따라 쓰면서 연습해 보세요.

I have a cold.

I have a headache.

I have an earache.

I don't have a headache.

You look terrible.

What's wrong?

climbing 클라이밍

'오르다, 등반하다'라는 뜻의 동사 climb[클라임]에 -ing를 붙인 climbing[클라이밍]은 '등산, 등반'을 뜻해요. 산의 암벽을 오르는 것뿐만 아니라 인공 암벽을 오르거나 이동하는 활동도 가리키는 데, 이런 활동을 즐기는 사람들을 climber[클라이머]라고 해요.

Pilates 필라테스

조셉 필라테스(Joseph Pilates)라는 사람이 개발한 운동으로, 사람 이름을 딴 운동이라 첫 글자를 대문자로 씁니다. 매트나 전용 기구 위에서 근력을 강화하는 운동이에요. 실제 영어 발음은 [필라티즈]이므로 발음에 주의하세요.

PT 피티

PT[피티]는 personal[퍼스널: 개인적인]과 training[트레이닝: 훈련]의 앞 글자를 딴 말입니다. 개인에게 최적화된 운동을 지도해 주는 일대일 맞춤 수업을 뜻하죠. 실제 영어에서는 PT라는 말은 안 쓰고 personal trainer[퍼스널 트레이너: 개인 훈련사]라는 표현만 써요.

squash 스쿼시

squash[스쿼쉬]는 동사로 '(좁은 공간으로) 밀어 넣다'라는 뜻을 갖고 있어요. 스쿼시는 벽으로 둘러싸인 좁은 실내 공간에서 라켓으로 공을 벽으로 밀어 넣듯 친 후, 튕겨 나온 공을 받아치면서 즐기는 운동이죠.

03 I like cooking.
저는 요리하는 것을 좋아해요.

Junho **I like cooking.**
아이 라이크 쿠킹

Yujin **I don't like cooking.**
아이 돈트 라이크 쿠킹

Sejun **I like singing.**
아이 라이크 씽잉

I don't like studying.
아이 돈트 라이크 스터딩

말하기 공식

I like + 동사-ing .
나는 _____하는 것을 좋아한다.

I don't like + 동사-ing .
나는 _____하는 것을 좋아하지 않는다.

좋아하는 일 말하기

좋아하지 않는 일 말하기

듣고 따라해 보세요.
03-1

준호   저는 요리하는 것을 좋아해요.

유진   전 요리하는 것을 안 좋아해요.

세준   저는 노래하는 것을 좋아해요.

전 공부하는 것은 좋아하지 않아요.

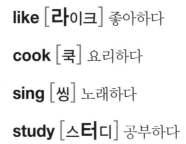

like [라이크] 좋아하다	단어
cook [쿡] 요리하다	
sing [씽] 노래하다	
study [스터디] 공부하다	

one's 자리에는 my(나의), his(그의), her(그녀의) 같은 소유격을 넣어서 말할 수 있어요.

다양한 취미

jogging [자깅] 조깅하기
gardening [가드닝] 정원 가꾸기
fishing [피슁] 낚시하기
hiking [하이킹] 하이킹하기
painting [페인팅] 그림 그리기
exercising [엑써싸이징] 운동하기

listening to music [리쓰닝 투 뮤직] 음악 듣기
reading books [리딩 북스] 책 읽기
riding *one's* **bike** [라이딩 원즈 바익] 자전거 타기
watching movies [워칭 무비즈] 영화 보기
playing golf [플레잉 골프] 골프 치기
playing the drums [플레잉 더 드럼즈] 드럼 연주하기

취미

like[라이크]는 '~을 좋아하다'라는 뜻의 동사로, 뒤에 목적어로 좋아하는 대상이 옵니다. '나는 ~하는 것을 좋아한다'라고 할 때에는 I like[아이 라이크] 뒤에 동사-ing를 씁니다. 반대로 '나는 ~하는 것을 좋아하지 않는다'라고 말할 때에는 like 앞에 부정어 don't[돈트]를 붙이면 되지요. 동사에 -ing를 붙일 때, jog[자그: 조깅하다]처럼 모음 하나와 자음 하나로 끝나는 단어는 마지막 자음을 하나 더 쓰고 -ing를 붙이므로 jogging[자깅: 조깅하기]이 됩니다. 한편 hike[하이크: 하이킹 하다]처럼 e로 끝나는 동사는 e를 빼고 -ing를 붙이므로 hiking[하이킹: 하이킹하기]이 되지요. 동사에 -ing를 붙이는 자세한 방법은 234쪽을 참고하세요.

● 주어진 표현을 빈칸에 넣어 문장을 말해 보세요.

jogging
[자깅]

hiking
[하이킹]

painting
[페인팅]

I like _____.　　 I like _____.　　 I like _____.
나는 조깅하는 것을 좋아해요.　나는 하이킹하는 것을 좋아해요.　나는 그림 그리기를 좋아해요.

● 내가 좋아하는 일과 좋아하지 않는 일을 말해 보세요.

I like _____.

I don't like _____.

▶ 가능한 표현들을 222쪽에서 확인해 보세요.

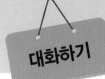

대화하기 당신은 취미를 갖고 있나요?

질문 **Do you have any hobbies?**
두 유 해브 애니 하비즈
당신은 취미를 갖고 있나요?

대답 **Yes, I like fishing.**
예스 아이 라이크 피슁
네, 저는 낚시하는 것을 좋아해요.

Do you have any hobbies?

상대방의 취미가 궁금할 때 할 수 있는 질문입니다. have[해브]는 '~을 가지고 있다'란 뜻으로, Do you have (목적어)?로 무엇을 가지고 있는지 물을 수 있어요. any[애니]는 의문문에서는 '무슨, 무엇인가'라는 뜻을 갖는데 굳이 해석할 필요는 없어요. 이때 any 뒤에는 명사의 복수형이 오므로 '취미'를 뜻하는 hobby[하비]를 복수형인 hobbies[하비즈]로 써야 해요.

● 빈칸에 알맞은 말을 넣어 대화를 완성해 보세요.

▶ 정답 202쪽

Kevin **Do you have any hobbies?**
당신은 취미를 갖고 있나요?

Julie **Yes, I like ＿＿＿＿＿.**
네, 저는 음악 듣기를 좋아해요.

Do you have any hobbies?
당신은 취미를 갖고 있나요?

Kevin **Yes, I like ＿＿＿＿＿.**
네, 저는 책 읽기를 좋아해요.

listening to music

reading books

동명사(동사-ing), 진행형

● 동명사(동사-ing)

'좋아하다'라는 뜻의 동사 like[라이크] 뒤에는 목적어가 옵니다. 이 목적어 자리에는 pizza(피자), cat(고양이), flower(꽃) 같은 다양한 명사가 올 수 있어요. 그런데 '~하는 것, ~하기'처럼 어떤 동작이나 행위 하는 것을 좋아한다고 할 때는 그 동작/행위를 나타내는 동사 뒤에 -ing를 붙여서 명사의 역할을 하게 합니다. 이것을 **동명사**라고 하죠. 예를 들어 '요리하다'라는 뜻의 동사 cook[쿡]에 -ing를 붙인 동명사 cooking[쿠킹]은 '요리하는 것, 요리하기'란 뜻이 됩니다.

| **I** 나는(주어) | **+** | **like** 좋아한다(동사) | **+** | **cooking.** 요리하는 것을(목적어) |

● 동명사 vs. 진행형

진행형 또한 동명사처럼 동사에 -ing가 붙은 형태이지만 역할은 완전히 다릅니다. 예를 들어 I am cooking.[아이 앰 쿠킹]의 cooking[쿠킹]은 동사-ing의 형태이지만 '요리하는 것, 요리하기'라는 뜻이 아닙니다. 이 문장은 '나는 요리하고 있어요'라는 의미예요. 'be동사 + 동사-ing' 형태를 '진행형'이라고 해요. 이 문장은 현재 시점임을 나타내는 am이 be동사로 쓰여, 현재 일어나고 있는 일을 나타내는 현재 진행형입니다.

I like playing golf.
[아이 라이크 플레잉 골프]

나는 골프 치는 것을 좋아해요. (동명사)

I'm playing the drums.
[아임 플레잉 더 드럼즈]

나는 드럼을 연주하고 있어요. (현재 진행형)

확인하기

▶ 정답과 자세한 해설은 202쪽에 있습니다.

A 우리말 뜻과 영어 단어를 바르게 연결하세요.

(1) 하이킹하기 • • painting

(2) 그림 그리기 • • fishing

(3) 정원 가꾸기 • • studying

(4) 낚시하기 • • gardening

(5) 공부하기 • • hiking

B 주어진 동사를 빈칸에 알맞은 형태로 바꿔 쓰세요.

(1) 나는 조깅하는 것을 좋아해요. (jog)

I like _____.

(2) 나는 운동하는 것을 좋아해요. (exercise)

I like _____.

C 다음 문장을 완성하세요.

(1) 나는 노래하는 것을 좋아하지 않아요.

I _____ like singing.

(2) 나는 음악 듣는 것을 좋아해요.

I like _____ to _____.

(3) 나는 영화 보는 것을 좋아해요.

I like _____ _____.

(4) 나는 책 읽기를 좋아해요.

I _____ _____.

● 문장을 따라 쓰면서 연습해 보세요.

I like cooking.

I don't like cooking.

I like singing.

I don't like studying.

Do you have any hobbies?

Yes, I like fishing.

생활 속 영어 익히기 │ 영화 │

box office 박스 오피스

'박스 오피스 1위'라는 말 들어 보셨죠? box[박스]는 '상자', office[오피스]는 '사무실'이란 뜻입니다. 옛날에는 극장 앞에 설치된 상자처럼 생긴 곳에서 표를 팔았기 때문에 '매표소'란 뜻으로 썼는데, 지금은 '영화의 흥행 수입'으로 의미가 확장되어 쓰여요.

spoiler 스포일러

spoil[스포일]은 '망치다'란 뜻인데 끝에 -er을 붙인 spoiler[스포일러]는 '망치는 행위 및 사람'을 뜻합니다. 영화를 아직 안 본 사람에게 '범인은 누구다'라고 알려주는 것처럼, 영화의 내용을 미리 밝혀서 다른 사람의 즐거움을 망치는 행위 또는 사람을 말하죠.

casting 캐스팅

casting[캐스팅]은 '배우 선정'이란 뜻으로, 영화에 출연할 배우들을 선정하는 행위와 과정을 말해요. 이 앞에 '잘못된'이라는 뜻의 접두사 mis-를 붙인 miscasting[미스캐스팅]은 '어울리지 않는 배우 선정'이라는 뜻이에요.

remake 리메이크

'만들다'라는 뜻의 동사 make[메이크] 앞에 '다시'를 나타내는 re를 붙이면 '다시 만들다'란 뜻이 돼요. remake[리메이크]는 예전에 나온 영화를 새롭게 해석해 다시 만드는 것을 말합니다. 예를 들어 1989년에 개봉한 디즈니 애니메이션 「인어공주」는 2023년에 실사 영화로 리메이크되었죠.

04 I want to travel.
나는 여행하고 싶어요.

Kevin **I want to watch TV.**
아이 **원트** 투 **워치** 티비

I don't want to go out.
아이 **돈트** **원트** 투 고우 아웃

Linda **I want to travel.**
아이 **원트** 투 트래블

I want to go swimming.
아이 **원트** 투 고우 스위밍

말하기 공식

I want to + 동사 **.**   나는 _____하고 싶다.

I don't want to + 동사 **.**   나는 _____하고 싶지 않다.

케빈   나는 텔레비전을 보고 싶어요.

나는 외출하고 싶지 않아요.

린다   나는 여행하고 싶어요.

나는 수영하러 가고 싶어요.

단어

want [원트] 원하다

watch [워치] 보다

TV [티비] 텔레비전, 티브이

go [고우] 가다

out [아웃] 밖으로

go out [고우 아웃] 외출하다

travel [트래블] 여행하다

swim [스윔] 수영하다; 수영

drink는 그 자체로 '술을 마시다'
라는 뜻도 됩니다.

동작을 나타내는 표현

cry [크라이] 울다
skate [스케이트] 스케이트를 타다
sleep [슬립] 자다
run [런] 달리다
drink [드링크] 마시다
eat [잇] 먹다

go driving [고우 드라이빙] 드라이브 가다
plant flowers [플랜트 플라워즈] 꽃을 심다
see a doctor [씨 어 닥터] 병원 진료를 받다
wash *one's* hair [워쉬 원즈 헤어] 머리를 감다
go to bed [고우 투 베드] 잠자리에 들다
watch YouTube [워치 유투브] 유튜브를 보다

표현 배우기

하고 싶은 일

want[원트]는 '원하다'라는 뜻의 동사입니다. I want[아이 원트] 뒤에 'to[투] + 동작을 나타내는 동사'를 넣어서 '나는 ~하고 싶다'라고 말할 수 있습니다. 'want to + 동작 동사'는 '~하는 것을 원하다'란 뜻이지만 '~하고 싶다'라고 해석하는 것이 더 자연스러워요. 반대로 '나는 ~하고 싶지 않다'라고 할 때에는 I don't want to + 동작 동사.로 말합니다.

동작 동사 중에는 뒤에 목적어를 쓰는 단어도 있어요. 예를 들어 '보다'라는 뜻의 동사 watch[워치]는 뒤에 목적어를 써서, watch a movie[워치 어 무비]는 '영화를 보다', watch YouTube[워치 유투브]는 '유튜브를 보다'라는 뜻이 돼요. 한편 동사 go[고우: 가다]도 뒤에 동명사(동사-ing)를 목적어로 취해서 '~하러 가다'라는 뜻을 나타냅니다. 예를 들어 '수영하러 가다'는 go swimming[고우 스위밍], '드라이브를 가다'는 go driving[고우 드라이빙]이라고 해요.

● 주어진 표현을 빈칸에 넣어 문장을 말해 보세요.

skate
[스케이트]

I want to _____.
나는 스케이트를 타고 싶어요.

watch YouTube
[워치 유투브]

I want to _____.
나는 유튜브를 보고 싶어요.

● 내가 하고 싶은 일과 하고 싶지 않은 일을 말해 보세요.

▶ 가능한 표현들을 223쪽에서 확인해 보세요.

I want to _____.

I don't want to _____.

대화하기 · 당신은 무엇을 하고 싶나요?

질문 **What do you want to do?**
왓　두　유　원트　투　두
당신은 무엇을 하고 싶나요?

대답 **I want to plant flowers.**
아이 원트 투 플랜트 플라워즈
저는 꽃을 심고 싶어요.

What do you want to do?

상대방이 하고 싶은 일이 무엇인지 물어보는 문장이에요. what[왓]은 '무엇'을 뜻하는 의문사로 문장 맨 앞에 와요. 이 뒤에 조동사 do[두]와 상대방을 나타내는 you[유]를 차례대로 넣습니다. 그런 다음 '~을 하다'를 뜻하는 단어 do를 써서 '~을 하고 싶다'를 뜻하는 want to do[원트 투 두]를 you 뒤에 붙이면 질문이 완성돼요.

● 빈칸에 알맞은 말을 넣어 대화를 완성해 보세요.　　　　　▶ 정답 203쪽

Harim　**What do you want to do today?**
　　　오늘 뭐 하고 싶어?

Aarav　**I want to ＿＿＿＿＿.**
　　　난 영화를 보고 싶어.

　　　What do you want to do?
　　　넌 뭐 하고 싶은데?

Harim　**I want to ＿＿＿＿＿.**
　　　나는 드라이브를 가고 싶어.

watch a movie

go driving

to 부정사

● **to 부정사(to + 동사)**

문장에서 '~을/를'에 해당하는 부분을 목적어라고 합니다. '원하다'라는 뜻의 동사 want[원트]의 목적어로 여행하다(travel), 가다(go) 같은 동사를 쓸 때는 뒤에 동사원형을 그대로 쓸 수는 없어요. 그래서 동사 앞에 to를 붙여 '**to + 동사**' 형태로 바꿔요. 이 형태를 **to 부정사**라고 부르는데, to 부정사는 문장에서 명사(구)의 역할을 합니다. 3과에서 배운 동명사(동사-ing)와 마찬가지로 '~하기, ~하는 것'이라는 뜻이 되죠. 예를 들어 to travel[투 트래블]은 '여행하기, 여행하는 것'이란 뜻이 됩니다.

| **I**
나는(주어) | **+** | **want**
원한다(동사) | **+** | **to travel.**
여행하는 것을(목적어) |

이처럼 to 부정사(to + 동사)와 동명사(동사-ing)는 둘 다 '~하는 것, ~하기'라는 뜻을 갖습니다. 그런데 동사에 따라 목적어로 to 부정사만 올 수 있는 것이 있고, 동명사만 올 수 있는 것이 정해져 있어요. 동사 want[원트: 원하다]를 비롯해 need[니드: 필요로 하다], plan[플랜: 계획하다] 같은 동사는 뒤에 to 부정사가 옵니다. 반대로 enjoy[인조이: 즐기다], finish[피니쉬: 끝내다] 같은 동사는 뒤에 동명사가 오죠. like[라이크: 좋아하다]처럼 목적어로 to 부정사와 동명사가 모두 올 수 있는 동사도 있어요.

I want to cook.
[아이 원트 투 쿡]
나는 요리하고 싶어요.

I enjoy cooking.
[아이 인조이 쿠킹]
나는 요리하는 것을 즐겨요.

A 영어 단어와 우리말 뜻을 바르게 연결하세요.

(1) want •   • 보다

(2) swim •   • 마시다

(3) watch •   • 수영하다

(4) drink •   • 여행하다

(5) travel •   • 원하다

B 다음 중 옳은 문장에는 O, 틀린 문장에는 X 표시를 하세요.

(1) _____ I want to go driving. 나는 드라이브를 가고 싶어요.

(2) _____ I want go to bed. 나는 잠자리에 들고 싶어요.

(3) _____ I don't want to cook. 나는 요리하고 싶지 않아요.

C 다음 문장을 완성하세요.

(1) 나는 잠을 자고 싶어요.

I _____ to sleep.

(2) 나는 유튜브를 보고 싶어요.

I want _____ _____ YouTube.

(3) 나는 스케이트를 타고 싶지 않아요.

I _____ want _____ _____.

(4) 나는 수영하러 가고 싶어요.

I _____ go _____.

● 문장을 따라 쓰면서 연습해 보세요.

I want to watch TV.

I don't want to go out.

I want to travel.

I want to go swimming.

What do you want to do?

I want to plant flowers.

guide tour 가이드 투어

'안내자'를 뜻하는 guide[가이드]와 '여행, 관광'을 뜻하는 tour[투어]를 합친 표현입니다. 말 그대로 다른 사람의 안내를 받아서 하는 관광을 뜻해요. 특히 미술관이나 박물관을 견학할 때 설명을 들으면서 가이드 투어를 많이 하죠.

package tour 패키지 투어

package[패키지]는 '묶음'이란 뜻입니다. package tour[패키지 투어]는 교통, 숙박, 관광 등을 하나로 묶어 상품으로 만든 것을 말해요. 따로따로 예약할 필요가 없고 일정을 고민하지 않아도 돼서 편하지만 내 마음대로 일정을 짤 수 없다는 단점도 있어요.

option 옵션

패키지 투어에 있는 option[옵션]은 '선택 사항'이란 뜻입니다. 예를 들어 추가 비용을 내고 마술 쇼 관람, 유람선 타기 등을 옵션으로 고를 수 있죠. 요즘은 모든 관광 사항이 포함되어 있는 no option[노우 옵션] 상품도 있어요.

honeymoon 허니문

결혼식 후에 가는 '신혼여행'을 말해요. '꿀'을 뜻하는 honey[허니]와 '달'을 뜻하는 moon[문]이 결합한 단어예요. 꿀처럼 달콤한 한 달의 기간을 의미한다는 설, 옛날에는 결혼하고 한 달 동안 벌꿀로 만든 술을 마셔서 만들어진 단어란 설이 있어요.

05 I have to get up early.
저는 일찍 일어나야 해요.

Junho **I have to get up early.**
아이 해브 투 겟 업 얼리

I have to clean the house.
아이 해브 투 클린 더 하우스

I have to fix my car.
아이 해브 투 픽스 마이 카

I don't have to work today.
아이 돈트 해브 투 워크 투데이

말하기 공식

I have to + 동사 **.**　　나는 _____해야 한다.

I don't have to + 동사 **.**　　나는 _____하지 않아도 된다.

준호　저는 일찍 일어나야 해요.

　　　저는 집을 청소해야 해요.

　　　저는 차를 수리해야 해요.

　　　전 오늘 일하지 않아도 돼요.

단어

have to [**해브 투**] ~해야 한다

get up [**겟 업**] 일어나다

early [**얼리**] 일찍

clean [**클린**] 청소하다

house [**하우스**] 집

fix [**픽스**] 수리하다, 고치다

car [**카**] 자동차

work [**워크**] 일하다

today [**투데**이] 오늘

집안일을 나타내는 표현

do the laundry [두 더 **론드**리] 빨래를 하다
wash the dishes [**워쉬** 더 **디쉬즈**] 설거지를 하다
iron *one's* **clothes** [**아이언** 원즈 **클로우즈**] 옷을 다리미질하다
clean the bathroom [**클린** 더 **배쓰룸**] 화장실을 청소하다
mop the floor [**맙** 더 **플로어**] 바닥을 걸레질하다, 바닥을 대걸레로 닦다
wash *one's* **car** [**워쉬** 원즈 **카**] 세차하다

해야 하는 집안일

I have to[아이 해브 투] 뒤에 동작을 나타내는 동사를 넣으면 '나는 ~해야 한다'라는 뜻이 됩니다. 숙제나 각종 집안일 등 반드시 해야 하는 일이 있음을 말할 때 사용하는 표현이죠.

다양한 집안일을 나타내는 표현을 좀 더 자세히 익혀 볼까요? do[두]는 '~을 하다', laundry[론드리]는 '빨래, 세탁'이란 뜻으로 do the laundry[두 더 론드리]는 '빨래를 하다, 세탁을 하다'란 뜻의 표현입니다. 한편 wash[워쉬]는 '씻다', dish[디쉬]는 '그릇'이라는 뜻인데 wash the dishes[워시 더 디쉬즈]는 '그릇들을 씻다', 즉 '설거지를 하다'라는 의미의 표현이죠. 참고로 '집안일'을 뜻하는 household chores[하우스호울드 초어즈]를 넣어 do the household chores라고 하면 '집안일을 하다'라는 뜻이므로 이것도 알아 두세요.

● 주어진 표현을 빈칸에 넣어 문장을 말해 보세요.

do the laundry

[두 더 **론**드리]

I have to _____.

나는 빨래를 해야 해요.

wash the dishes

[워쉬 더 **디쉬즈**]

I have to _____.

나는 설거지를 해야 해요.

● 오늘 내가 해야 할 일을 말해 보세요.

I have to _____.

▶ 가능한 표현들을 224쪽에서 확인해 보세요.

당신은 내일 무엇을 해야 하나요?

질문 **What do you have to do tomorrow?**
왓 두 유 해브 투 두 투모로우
당신은 내일 무엇을 해야 하나요?

대답 **I have to mop the floor.**
아이 해브 투 맙 더 플로어
저는 바닥을 걸레질해야 해요.

What do you have to do tomorrow?

상대방에게 해야 하는 일이 무엇인지 물을 때에는 '무엇'을 뜻하는 의문사 what[왓]과 '~해야 한다'를 뜻하는 have to do[해브 투 두]를 활용합니다. 문장 끝에 시간을 나타내는 표현을 덧붙일 수도 있는데 tomorrow[투모로우]는 '내일'이라는 뜻이죠.
대답할 때에는 I have to (동사).로 말하면 됩니다.

● 빈칸에 알맞은 말을 넣어 대화를 완성해 보세요.   ▶ 정답 204쪽

Aarav   **What do you have to do tomorrow?**
당신은 내일 무엇을 해야 하나요?

Yujin   **I have to _____.**
저는 화장실을 청소해야 해요.

What do you have to do tomorrow?
당신은 내일 무엇을 해야 하나요?

Aarav   **I have to _____.**
저는 세차해야 해요.

clean the bathroom

wash my car

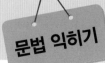

have to, 의무를 나타내는 조동사

● have to의 부정문

'have to + 동사'는 '~해야 한다'라는 의미입니다. '나는 ~해야 한다'라는 뜻의 I have to[아이 해브 투]를 부정문으로 만들 때는 have to 앞에 부정어 do not[두 낫]의 줄임말 don't[돈트]를 넣어요. 그래서 'I **don't have to + 동사**'의 형태로 쓰죠. 이때는 '난 ~할 필요가 없다', '난 ~하지 않아도 된다'라고 해석하면 됩니다. '~하면 안 된다'라는 강한 금지의 뜻을 나타내지는 않으므로 주의하세요.

| I
나는 | + | **don't**
아니 | + | **have to**
~해야 한다 | + | **work.**
일하다 |

● 의무를 나타내는 기타 조동사

'~해야 한다'라는 의미를 가진 표현에는 have to 외에도 should[슈드]와 must[머스트]가 있습니다. 구체적인 의미에는 조금 차이가 있어요. should는 강제성이 낮아요. 그래서 You should[유 슈드]라고 할 때는 조언과 충고의 성격으로 '당신은 ~해야 한다'라는 의미예요. 한편 must는 선택의 여지를 주지 않아요. 강압적으로 '~해야 한다'라는 뜻이므로 다른 사람에게 말할 때는 주의해서 써야 합니다.

You should see a doctor.
[유 슈드 씨 어 닥터]
당신은 병원 진료를 받아야 해요.

I must exercise.
[아이 머스트 엑써사이즈]
나는 운동을 해야 해요.

▶ 정답과 자세한 해설은
204쪽에 있습니다.

A 우리말에 맞는 단어를 [보기]에서 찾아 쓰세요

> 보기 early   fix   today
>   house   work   clean

(1) 청소하다 _____   (2) 오늘 _____

(3) 일찍 _____   (4) 일하다 _____

(5) 수리하다 _____   (6) 집 _____

B 다음 중 옳은 문장에는 O, 틀린 문장에는 X 표시를 하세요.

(1) _____ I have iron my clothes. 나는 옷을 다리미질해야 해요.

(2) _____ I have to not get up early. 나는 일찍 안 일어나도 돼요.

(3) _____ I have to do the laundry. 나는 빨래를 해야 해요.

C 다음 문장을 완성하세요.

(1) 나는 세차해야 해요.

I have to _____ my car.

(2) 나는 바닥을 걸레질해야 해요.

I have _____ _____ the floor.

(3) 나는 화장실을 청소해야 해요.

I _____ _____ _____ the bathroom.

(4) 나는 설거지를 안 해도 돼요.

I _____ have _____ _____ the dishes.

● 문장을 따라 쓰면서 연습해 보세요.

I have to get up early.

I have to clean the house.

I have to fix my car.

I don't have to work today.

What do you have to do tomorrow?

I have to mop the floor.

body wash 바디 워시

body[바디]는 '몸'이고 wash[워쉬]는 동사로는 '씻다', 명사로는 '씻기'란 뜻입니다. body wash는 몸을 씻는 물비누를 뜻해요. shower gel[샤우어 젤]이라고도 하는데, shower는 몸을 씻는 '샤워', gel은 '끈적끈적한 물질(젤)'이란 뜻이죠.

hair treatment 헤어 트리트먼트

hair[헤어]는 '머리카락', treatment[트리트먼트]는 '치료'란 뜻으로, 손상된 모발을 윤기 나게 회복시키는 제품을 말합니다. 참고로 shampoo[샴푸]로 머리를 감은 후 쓰는 '린스'는 콩글리시입니다. rinse[린스]는 '헹굼'이라는 뜻이에요. 이런 제품은 hair conditioner[헤어 컨디셔너]라고 하죠.

cleansing foam 클렌징 폼

동사 cleanse[클렌즈]는 '깨끗하게 하다'라는 뜻입니다. cleansing [클렌징]은 '깨끗하게 하는', foam[포움]은 '거품'이란 뜻으로, cleansing foam은 거품을 내서 얼굴을 씻는 제품을 말해요. foam cleanser[포움 클렌저]라고도 하죠.

shower head 샤워 헤드

shower[샤우어]에는 '샤워기'라는 뜻도 있어요. '머리'를 뜻하는 head[헤드]는 물건의 '윗부분'을 뜻하기도 합니다. 그래서 shower head는 물이 쏟아져 나오는 샤워기의 윗부분을 말해요. 참고로 '욕조'는 bathtub[배쓰텁]이라고 해요.

이번에는 나 이외의 다른 사람과 내 주변에 있는 사물 및 동물에 대해 말해 볼 순서입니다.
다른 사람의 외모를 묘사하고 다른 사람이 일상적으로 하는 행동을 말해 봅시다.
또한 두 사물을 비교하고 여러 사물 중에 최고인 것을 나타내는 표현도 익혀 봅시다.

다른 사람 또는
사물·동물에 대해 말하기

06 She has long hair.
그녀는 긴 머리를 갖고 있어요.

Julie **I have a sister.**
아이 해브 어 씨스터

She has long hair.
쉬 해즈 롱 헤어

She has brown eyes.
쉬 해즈 브라운 아이즈

She doesn't have blue eyes.
쉬 더즌트 해브 블루 아이즈

말하기 공식

He/She has + 형용사 **+** 명사 **.**
그는/그녀는 _____한 _____을 가지고 있다.

He/She doesn't have + 형용사 **+** 명사 **.**
그는/그녀는 _____한 _____을 가지고 있지 않다.

듣고 따라해 보세요.
06-1

줄리   저는 여동생이 있어요.

그녀는 긴 머리를 갖고 있어요.

그녀는 갈색 눈을 갖고 있어요.

그녀는 파란색 눈을 갖고 있지
않아요.

have [해브] 가지고 있다   `단어`

sister [씨스터] 여동생, 언니

she [쉬] 그 여자는, 그녀는

has [해즈] 가지고 있다
(have의 3인칭 단수형)

long [롱] 긴

hair [헤어] 머리카락

brown [브라운] 갈색의

eye [아이] 눈

blue [블루] 파란색의

> gray hair는 검은 머리와 흰 머리가 섞인 '희끗희끗한 머리'를 가리켜요.

외모를 나타내는 '형용사 + 명사' 표현

blond hair [블란드 헤어] 금발

black hair [블랙 헤어] 검은색 머리

short hair [쇼트 헤어] 짧은 머리

curly hair [컬리 헤어] 곱슬머리

red lips [레드 립스] 빨간 입술

dark eyes [다크 아이즈] 검은색 눈

gray hair [그레이 헤어] 회색 머리

red hair [레드 헤어] 빨간 머리

wavy hair [웨이비 헤어] (물결 모양의) 곱슬머리

straight hair [스트레이트 헤어] 생머리

white teeth [와이트 티쓰] 하얀 이

big/small eyes [빅/스몰 아이즈] 큰/작은 눈

표현 배우기

외모

다른 사람의 외모를 묘사할 때 '가지고 있다'라는 뜻의 동사 have[해브]를 자주 씁니다. 이때 주어로 she[쉬]나 he[히], 또는 사람 이름이 오면 have[해브] 대신 has[해즈]를 쓰죠. 그리고 뒤에 long hair[롱 헤어: 긴 머리]처럼 외모를 나타내는 '형용사 + 명사' 표현을 써요.

머리카락이나 눈동자의 색을 표현할 때는 hair[헤어: 머리카락], eyes[아이즈: 눈들] 앞에 색을 나타내는 형용사를 넣어 말하면 됩니다. 눈(eye)은 두 개이므로 눈 한쪽만 가리키는 경우가 아니라면 보통은 복수 형태인 eyes[아이즈]로 써요. 색깔을 나타내는 형용사로는 blond[블란드: 금발의], white[와이트: 하얀색의], black[블랙: 검은색의], gray[그레이: 회색의], brown[브라운: 갈색의], red[레드: 빨간색의], blue[블루: 파란색의]를 많이 써요. 참고로 '검은색 눈'은 '검은색의, 짙은 갈색의'란 뜻의 dark[다크]를 써서 dark eyes[다크 아이즈]라고 표현해요. black eyes[블랙 아이즈]에는 '멍든 눈'이란 뜻이 있어서 쓰지 않아요.

● 주어진 표현을 빈칸에 넣어 문장을 말해 보세요.

dark eyes
[다크 아이즈]

He has _____.
그는 검은색 눈을 갖고 있어요.

blond hair
[블란드 헤어]

She has _____.
그녀는 금발을 갖고 있어요.

● 좋아하는 연예인의 외모를 묘사해 보세요.

He/She has _____.

▶ 가능한 표현들을 224쪽에서 확인해 보세요.

그녀는 생머리를 갖고 있나요?

질문 **Does she have straight hair?**
더즈 쉬 해브 스트레이트 헤어
그녀는 생머리를 갖고 있나요?

대답 **Yes, she does.**
예스 쉬 더즈
네, 그래요.

Does he/she have ~?

Does he/she have (외모)?[더즈 히/쉬 해브]는 '그는/그녀는 ~을 가지고 있습니까?'라는 뜻입니다. have 뒤에 외모를 나타내는 '형용사 + 명사'를 넣어서 다른 사람의 외모를 물어볼 수 있어요. 이 질문에 대한 답은 긍정으로 대답할 때에는 Yes, he/she does.[예스 히/쉬 더즈]로, 부정으로 대답할 때에는 No, he/she doesn't.[노우 히/쉬 더즌트]로 말합니다.

● 빈칸에 알맞은 말을 넣어 대화를 완성해 보세요.
▶ 정답 205쪽

Junho **Does Aarav have _____?**
아라브는 검은색 머리를 갖고 있니?

Harim **Yes, he does.**
네, 그래요.

Junho **Does he have _____?**
그는 곱슬머리를 갖고 있니?

Harim **No, he doesn't.**
아니요, 그렇지 않아요.

3인칭 단수 주어

● 3인칭 단수 주어 + has

다른 사람이나 사물을 나타내면서 그 수가 한 명 또는 한 개인 주어를 **3인칭 단수 주어**라고 해요. 1인칭은 말하는 사람인 I(나), 2인칭은 대화를 듣는 상대방인 you(당신), 3인칭은 그 외 사람이나 사물을 뜻하며, 단수는 '하나'를 의미하죠. Julie[줄리] 같은 사람 이름, she[쉬: 그 여자], he[히: 그 남자], it[잇: 그것]이 3인칭 단수에 해당하죠.

사람의 외모를 묘사할 때는 '~한 외모를 가지고 있다'라는 뜻에서 동사 have[해브]를 쓰는데, 주어가 3인칭 단수일 때는 has[해즈]로 형태를 바꿔 씁니다. 반대로 '~한 외모를 가지고 있지 않다'라고 할 때는 부정의 의미를 나타내는 doesn't[더즌트]를 원래 동사 형태인 have 앞에 써 줍니다. 일반동사의 부정문을 만들 때는 동사 앞에 don't[돈트]를 쓰지만 주어가 3인칭 단수일 때는 doesn't[더즌트]를 사용하죠.

She has white teeth.
[쉬 해즈 와이트 티쓰]
그녀는 하얀 이를 갖고 있어요.

He doesn't have gray hair.
[히 더즌트 해브 그레이 헤어]
그는 회색 머리를 갖고 있지 않아요.

A 영어 단어와 우리말 뜻을 바르게 연결하세요.

(1) brown •　　　　　　　　　• 머리카락

(2) eye •　　　　　　　　　• 파란색의

(3) hair •　　　　　　　　　• 눈

(4) blue •　　　　　　　　　• 긴

(5) long •　　　　　　　　　• 갈색의

B 우리말 해석에 맞게 괄호 안의 단어를 배열하세요.

(1) 그녀는 짧은 머리를 갖고 있어요. (short / she / hair / has)

　→ _____

(2) 그는 파란색 눈을 갖고 있지 않아요. (doesn't / eyes / blue / he / have)

　→ _____

C 다음 문장을 완성하세요.

(1) 그는 곱슬머리를 갖고 있어요.

He has curly _____.

(2) 그녀는 빨간 입술을 갖고 있어요.

She _____ red _____.

(3) 그는 검은색 머리를 갖고 있지 않아요.

He _____ black _____.

(4) 그녀는 갈색 눈을 갖고 있어요.

She _____ _____.

● 문장을 따라 쓰면서 연습해 보세요.

I have a sister.

She has long hair.

She has brown eyes.

She doesn't have blue eyes.

Does she have straight hair?

Yes, she does.

다른 사람 또는 사물·동물에 대해 말하기

perm 펌

머리를 구불구불하게 만드는 시술을 '파마' 또는 '펌'이라고 하죠. perm[펌]은 permanent wave[퍼머넌트 웨이브]의 줄임말로, permanent는 '영구적인', wave는 '(머리카락의) 곱슬거림'을 뜻해요. 마치 파도(wave) 모양처럼 머리카락이 물결치는 모습을 상상하면 뜻을 이해하기 쉬워요.

cut 커트

cut[컷]은 동사로는 '자르다', 명사로는 '자르기'라는 뜻입니다. 머리카락을 자른다고 할 때는 '머리카락'을 뜻하는 hair[헤어]를 앞에 넣어 haircut[헤어컷]이라고도 해요.

dry 드라이

dry[드라이]는 '말리다, 건조시키다'라는 뜻이에요. 미용실에 가서 드라이해 달라고 하면 드라이기로 머리를 말려 주죠? '드라이기'의 올바른 영어 표현은 dryer[드라이어]예요. dry에 '~하는 기구'를 뜻하는 -er을 붙여 만든 표현입니다. 혹은 drier라고 쓰기도 해요.

clinic 클리닉

원래 clinic은 '특정한 병이나 장애를 진단하고 치료하는 곳', 즉 '병원'을 뜻하는 단어예요. 미용실에서는 이 의미가 확장되어 손상된 모발에 단백질 등 영양을 주는 시술을 클리닉이라고 부릅니다.

07 Yujin cooks every day.
유진 씨는 매일 요리를 해요.

Junho **Yujin cooks every day.**
유진　쿡스　에브리　데이

She does the laundry on Mondays.
쉬　더즈　더　론드리　온　먼데이즈

Yujin **Junho waters the plants on Fridays.**
준호　워터즈　더　플랜츠　온　프라이데이즈

He doesn't work on Sundays.
히　더즌트　워크　온　썬데이즈

말하기 공식

He/She + 동사(e)s **+ on +** 요일s **.**
그는/그녀는 ＿＿＿＿＿요일마다 ＿＿＿＿＿한다.

He/She doesn't + 동사 **+ on +** 요일s **.**
그는/그녀는 ＿＿＿＿＿요일에는 ＿＿＿＿＿하지 않는다.

준호   유진 씨는 매일 요리를 해요.

그녀는 월요일마다 빨래를 해요.

유진   준호 씨는 금요일마다 식물에 물을 줘요.

그는 일요일에는 일하지 않아요.

cook [쿡] 요리하다

every day [에브리 데이] 매일

do [두] ~을 하다

laundry [론드리] 빨래, 세탁

on [온] (요일)에

Monday [먼데이] 월요일

water [워터] 물을 주다

plant [플랜트] 식물

Friday [프라이데이] 금요일

Sunday [썬데이] 일요일

단어

일상적인 행동

take yoga lessons [테이크 요우가 레슨즈] 요가 수업을 받다

take walks [테이크 웍스] 산책을 하다

make cookies [메이크 쿠키즈] 쿠키를 만들다

meet *one's* **friends** [미트 원즈 프렌즈] 친구들을 만나다

play computer games [플레이 컴퓨터 게임즈] 컴퓨터 게임을 하다

go to the park [고우 투 더 파크] 공원에 가다

특정 요일마다 하는 활동

표현 배우기

다른 사람의 일상적인 행동을 나타낼 때는 동사 뒤에 -s/-es를 붙인 형태를 사용합니다. 예를 들어 clean[클린]은 cleans[클린즈], take[테이크]는 takes[테이크스]처럼 쓰는 거죠.

한편 on[온] 뒤에 요일을 쓰면 '요일에'라는 뜻이 되는데, 특정 요일마다 반복되는 동작을 말할 때는 요일 뒤에 -s를 붙여요. 그래서 'on + 요일s'는 '~요일마다'라는 뜻이 되죠. on Mondays[온 먼데이즈: 월요일마다], on Tuesdays[온 투즈데이즈: 화요일마다], on Wednesdays[온 웬즈데이즈: 수요일마다], on Thursdays[온 써즈데이즈: 목요일마다], on Fridays[온 프라이데이즈: 금요일마다], on Saturdays[온 쌔터데이즈: 토요일마다], on Sundays[온 썬데이즈: 일요일마다]의 형태가 됩니다.

● 주어진 표현을 빈칸에 넣어 문장을 말해 보세요.

takes yoga lessons
[테이크스 요우가 레슨즈]

She _____ on Tuesdays.
그녀는 화요일마다 요가 수업을 받아요.

takes walks
[테이크스 웍스]

He _____ on Wednesdays.
그는 수요일마다 산책을 해요.

● 가족이나 친구가 특정한 요일마다 늘 하는 일을 말해 보세요.

He/She _____ on _____ .

▶ 가능한 표현들을 225쪽에서
확인해 보세요.

대화하기

그녀는 일요일마다 무엇을 하나요?

질문 **What does she do on Sundays?**
왓 더즈 쉬 두 온 썬데이즈
그녀는 일요일마다 무엇을 하나요?

대답 **She makes cookies on Sundays.**
쉬 메이크스 쿠키즈 온 썬데이즈
일요일마다 그녀는 쿠키를 만들어요.

What does he/she do on Sundays?

어떤 요일에 다른 사람이 늘 하는 일이 무엇인지 물어보고 싶을 때는 '무엇'을 뜻하는 의문사 what[왓]을 써서 'What does + 사람 + do on + 요일s?'로 묻습니다. 앞에 나오는 does[더즈]는 의문문을 만들 때 쓰는 조동사이고, 뒤에 나오는 do[두]는 '~을 하다'라는 뜻의 일반동사예요.

● 빈칸에 알맞은 말을 넣어 대화를 완성해 보세요. ▶ 정답 206쪽

Kevin **What does Harim do on Sundays?**
하림이는 일요일마다 무엇을 하나요?

Yujin **She _____ on Sundays.**
그 애는 일요일마다 친구들을 만나요.

Kevin **What does Sejun do on Sundays?**
세준이는 일요일마다 무엇을 하나요?

Yujin **He _____ on Sundays.**
그 애는 일요일마다 컴퓨터 게임을 해요.

meets her friends

plays computer games

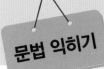

3인칭 단수 주어 + 현재동사(e)s

● **3인칭 단수 주어 + 현재동사(e)s**

일상에서 반복하는 행동을 묘사할 때에는 현재시제를 씁니다. 현재시제는 동사의 현재형으로 나타내죠. 이때 동작의 주체가 '나'나 '너'가 아닌 '다른 사람', 그것도 여러 명이 아닌 '한 명'이라면 동사 뒤에 -s나 -es를 붙여요. 6과에서 이런 주어를 **3인칭 단수**라고 한다고 배웠죠. 즉, 주어가 사람 이름이나 he, she일 때에는 동사 뒤에 s나 es를 붙여 cleans[클린즈], does[더즈], waters[워터즈]처럼 씁니다. 한편 다른 사람이 일상적으로 하지 않는 행동을 말할 때는 doesn't[더즌트] 뒤에 동사원형을 써서 표현해요.

주어가 3인칭 단수일 때는 일반적으로 동사에 -s만 붙이면 되지만 s, x, sh, ch로 끝나는 단어에는 -es를 붙입니다. watches[워치즈]처럼요. go[고우: 가다]나 do[더즈: 하다]처럼 o로 끝나는 동사에도 -es를 붙이죠. goes[고우즈], does[더즈]처럼요. 그리고 study[스터디: 공부하다] 같이 '자음 + y'로 끝나는 동사는 y를 i로 바꾸고 es를 붙이므로 studies[스터디즈]처럼 형태를 바꿔 줍니다. 자세한 사항은 235쪽에 있는 표를 참고하세요.

She swims on Saturdays.
[쉬 스윔즈 온 쌔터데이즈]
그녀는 토요일마다 수영해요.

He studies every day.
[히 스터디즈 에브리 데이]
그는 매일 공부해요.

확인하기

▶ 정답과 자세한 해설은 206쪽에 있습니다.

A 영어 단어와 우리말 뜻을 바르게 연결하세요.

(1) plant •

(2) water •

(3) Friday •

(4) laundry •

(5) Monday •

    • 빨래, 세탁

    • 월요일

    • 식물

    • 금요일

    • 물을 주다

B 괄호 안에서 알맞은 단어를 고르세요.

(1) He (meet / meets) his friends on Sundays.

그는 일요일마다 친구들을 만나요.

(2) She (don't / doesn't) cook every day.

그녀는 매일 요리하지는 않아요.

C 다음 문장을 완성하세요.

(1) 그는 금요일마다 쿠키를 만들어요.

He _____ cookies on Fridays.

(2) 그녀는 토요일마다 빨래를 해요.

She _____ the laundry _____ Saturdays.

(3) 그는 수요일에는 일하지 않아요.

He _____ _____ on _____ .

(4) 그녀는 일요일마다 요가 수업을 들어요.

She _____ yoga lessons _____ _____ .

● 문장을 따라 쓰면서 연습해 보세요.

Yujin cooks every day.

She does the laundry on Mondays.

Junho waters the plants on Fridays.

He doesn't work on Sundays.

What does she do on Sundays?

She makes cookies on Sundays.

skinny jean 스키니 진

skinny[스키니]는 thin[씬: 마른]보다 더 마른 것을 묘사하는 단어로, '(뼈만 남은 것처럼 보일 정도로) 마른'이란 뜻입니다. jean[진]은 '청바지'라는 의미인데, 몸에 딱 붙게 디자인된 청바지를 '스키니 진'이라고 해요. 참고로 영어에서 바지 종류는 복수형으로 쓰기 때문에 -s를 붙여 jeans[진즈]라고 쓰죠.

golf wear 골프 웨어

운동 이름인 golf[골프]와 '~복'이라는 뜻을 가진 wear[웨어]를 합쳐서 만든 말이에요. 말 그대로 골프를 칠 때 입는 옷으로, 골프 치기 편하게 가볍고 활동성이 좋은 옷이죠. 참고로 수영할 때 해변(beach)에서 입는 옷은 beachwear[비치웨어]라고 해요.

outdoor look 아웃도어 룩

야외에서도 효율적으로 활동할 수 있도록 제작된 등산복 같은 옷을 말합니다. outdoor[아웃도어]는 '바깥의, 야외의'라는 뜻이며 look[룩]은 '(옷의) 스타일'을 뜻해요.

high heel 하이힐

굽이 높은 여성용 구두를 말해요. high[하이]가 '높은'이고 heel[힐]은 '(신발의) 굽'을 뜻합니다. 구두는 항상 왼발, 오른발, 두 개가 짝을 이루기 때문에 실제 영어에서는 high heels[하이 힐즈]라고 복수형으로 써요.

08 My phone is bigger than yours. 내 전화기는 당신 것보다 더 커요.

Linda **My phone is big.**
마이 　포운 　이즈 　**빅**

My phone is bigger than yours.
마이 　포운 　이즈 　**비거** 　댄 　**유어즈**

Kevin **My phone is heavier than yours.**
마이 　포운 　이즈 　**헤비어** 　댄 　**유어즈**

Your phone is better than mine.
유어 　포운 　이즈 　**베터** 　댄 　**마인**

말하기 공식

사물 **+ is +** 형용사 비교급 **+ than +** 비교 대상 **.**
_____은 _____보다 더 _____하다.

| 린다 | 내 전화기는 커요. | **my** [마이] 나의 |
| | 내 전화기는 당신 것보다 더 커요. | **phone** [포운] 전화기 |

단어

린다   내 전화기는 커요.

내 전화기는 당신 것보다 더 커요.

케빈   내 전화기는 당신 것보다 더 무거워요.

당신의 전화기는 내 것보다 더 좋아요.

my [마이] 나의

phone [포운] 전화기

big [빅] 큰

bigger [비거] 더 큰 (big의 비교급)

than [댄] ~보다

yours [유어즈] 당신의 것, 네 것

heavier [헤비어] 더 무거운
(heavy의 비교급)

your [유어] 당신의, 너의

better [베터] 더 좋은
(good의 비교급)

mine [마인] 나의 것

외양이나 상태를 나타내는 형용사의 비교급

older [오울더] 더 낡은, 더 오래된 원급 old
wider [와이더] (폭이) 더 넓은 원급 wide
narrower [네로우어] (폭이) 더 좁은 원급 narrow
thicker [씨커] 더 두꺼운 원급 thick
thinner [씨너] 더 얇은 원급 thin
faster [패스터] 더 빠른 원급 fast

longer [롱거] 더 긴 원급 long
taller [톨러] 더 키가 큰 원급 tall
shorter [쇼터] 더 짧은 원급 short
lighter [라이터] 더 가벼운 원급 light
cheaper [치퍼] 더 저렴한 원급 cheap
more expensive [모어 익스펜씨브] 더 비싼
원급 expensive

다른 것보다 더 어떠한 것

비교급은 형용사의 형태 중 하나입니다. 그냥 작다고 말할 수도 있지만, 다른 것과 비교해서 더 작다고 말할 수도 있겠죠. 이렇게 '더 ~한'이란 뜻을 나타내는 형용사의 형태가 바로 비교급입니다. 이때 비교 대상 앞에는 '~보다'라는 뜻의 전치사 than[댄]을 써서 '주어 + is + 형용사 비교급 + than + 비교 대상' 형태로 말해요.

일반적으로 비교급은 형용사 뒤에 -er을 붙여서 만들어요. 단, expensive[익스펜씨브: 비싼]처럼 긴 단어는 앞에 more[모어]를 붙여서 more expensive[모어 익스펜씨브]처럼 비교급을 만들죠. big[빅: 큰]처럼 '모음 하나(i) + 자음 하나(g)'로 끝나는 단어는 마지막 자음을 하나 더 쓰고 -er을 붙이므로 bigger[비거]가 됩니다. 또한 wide[와이드]처럼 e로 끝나는 단어의 비교급은 뒤에 -r만 붙이죠. heavy[헤비: 무거운]처럼 '자음 + y'로 끝나는 단어는 y를 i로 바꾸므로 비교급은 heavier[헤비어]입니다. 한편 불규칙하게 변하는 비교급도 있어요. 예를 들어 better[베터]는 good[굿: 좋은], worse[워스]는 bad[배드: 나쁜]의 비교급입니다.

● 주어진 표현을 빈칸에 넣어 문장을 말해 보세요.

thinner
[씨너]

older
[오울더]

My book is _____ **than yours.**
내 책은 당신 것보다 더 얇아요.

My phone is _____ **than yours.**
내 전화기는 당신 것보다 더 낡았어요.

● 내 소지품을 상대방의 것과 비교해서 말해 보세요.

My _____ **is** _____ **than yours.**

▶ 가능한 표현들을 225쪽에서 확인해 보세요.

대화하기
어느 것이 더 긴가요?

질문 **Which one is longer?**
위치　　원　이즈　롱거
어느 것이 더 긴가요?

대답 **The pen is longer than the pencil.**
더　펜　이즈　롱거　댄　더　펜쓸
펜이 연필보다 더 길어요.

Which one is ~?

두 개의 사물을 비교해 어떤 것이 더 ~한지 물어볼 때는 Which one is (비교급)?을 씁니다. which[위치]는 '어느, 어떤'이라는 뜻의 의문사이고 one[원]은 어떤 사물 한 개를 대신 나타내는 대명사예요. 그래서 which one[위치 원]은 '어떤 것, 어느 것'이란 뜻이 되죠.

● 빈칸에 알맞은 말을 넣어 대화를 완성해 보세요.　　　▶정답 207쪽

Julie **Which one is ＿＿＿＿＿＿＿＿＿?**
어느 것이 더 두껍나요?

Clerk **The red skirt is thicker than the blue one.**
빨간 치마가 파란 치마보다 더 두꺼워요.

Julie **Which one is ＿＿＿＿＿＿＿＿＿?**
어느 것이 더 저렴한가요?

Clerk **The blue skirt is cheaper than the red one.**
파란 치마가 빨간 치마보다 더 저렴해요.

thicker　　　cheaper

형용사의 비교급, 소유 대명사

● 형용사의 비교급

사람이나 사물의 성질을 나타내는 말을 '형용사'라고 합니다. big[빅: 큰], small[스몰: 작은]처럼 크기나 형태, 색깔 등 외적인 것을 나타낼 수도 있고, happy[해피: 행복한], sad[쌔드: 슬픈]처럼 감정을 나타낼 수도 있고, smart[스마트: 똑똑한], lazy[레이지: 게으른]처럼 어떤 특징을 나타내기도 하지요. 이런 형용사의 기본적인 원래 형태를 **원급**이라고 부릅니다. 두 사람이나 사물을 비교할 때 일반적으로는 형용사의 원급에 -er을 붙인 **비교급**을 사용하죠. 비교급을 만드는 자세한 법은 235쪽의 표를 참고하세요.

My phone 내 전화기는	+	is ~이다	+	**bigger** 더 큰	+	than ~보다	+	yours. 당신의 것

● 소유 대명사

명사가 누구의 것인지 나타내는 인칭 대명사를 **소유격**이라고 해요. '~의'라는 뜻을 가진 my[마이: 나의], your[유어: 당신의], his[히즈: 그의], her[허: 그녀의], our[아워: 우리의], their[데어: 그들의] 같은 단어가 여기에 해당하죠. 한편 '~의 것'을 나타내는 단어를 **소유 대명사**라고 합니다. '소유격 + 명사' 대신 소유 대명사를 쓸 수 있어요. 예를 들어 my phone(내 전화기) 대신 mine(나의 것), your phone(당신의 전화기) 대신 yours(당신의 것)로 표현할 수 있습니다.

소유 대명사	뜻	소유 대명사	뜻
mine [마인]	나의 것	hers [허즈]	그녀의 것
yours [유어즈]	당신(들)의 것	ours [아워즈]	우리의 것
his [히즈]	그의 것	theirs [데어즈]	그들의 것

확인하기

▶ 정답과 자세한 해설은 207쪽에 있습니다.

A 영어 단어와 우리말 뜻을 바르게 연결하세요.

(1) than •　　　　　• 나의 것

(2) better •　　　　　• 더 저렴한

(3) longer •　　　　　• 더 좋은

(4) cheaper •　　　　　• 더 긴

(5) mine •　　　　　• ~보다

B 우리말 해석에 맞게 괄호 안의 단어를 배열하세요.

(1) 내 전화기가 당신 것보다 더 낡았어요.

(yours / older / my / is / phone / than)

→ _____

(2) 당신의 책이 내 것보다 더 얇아요.

(book / than / your / is / mine / thinner)

→ _____

C 다음 문장을 완성하세요.

(1) 펜이 연필보다 더 가벼워요.

The pen is _____ _____ the pencil.

(2) 내 전화기는 당신 것보다 더 커요.

My phone is _____ _____ _____.

(3) 당신의 전화기가 내 것보다 더 무거워요.

_____ phone is _____ than _____.

● 문장을 따라 쓰면서 연습해 보세요.

My phone is big.

My phone is bigger than yours.

My phone is heavier than yours.

Your phone is better than mine.

Which one is longer?

The pen is longer than the pencil.

website 웹사이트

웹사이트는 인터넷에 있는 문서를 모아 놓은 장소를 뜻하는 말이에요. 인터넷에 있는 문서들은 서로 거미줄처럼 복잡하게 얽혀 있기 때문에 '인터넷'을 web[웹: 거미줄]이라고 불러요, site[싸이트]는 '장소'란 뜻입니다.

homepage 홈페이지

어떤 웹사이트에 들어갈 때 처음으로 뜨는 화면이 홈페이지입니다. 보통 사이트에 대한 소개와 제공하는 서비스의 내용을 담고 있지요. home[호움]은 '집'을, page[페이지]는 '(책의) 쪽, 한 장'을 뜻합니다.

spam mail 스팸 메일

spam[스팸]은 원래 돼지고기를 가공한 통조림의 상품명이었는데, 지금은 의미가 확장되어 불특정 다수의 사람들에게 발송된 광고나 메시지를 담은 메일을 뜻합니다. mail[메일]은 '우편물'이란 뜻인데 여기서는 email[이메일: 전자우편]을 뜻해요.

pop-up 팝 업

pop up[팝 업]은 '갑자기 튀어나오다'라는 뜻이에요. 웹사이트에서 광고나 공지사항, 이벤트 등 어떤 내용을 알리기 위해 뜨는 창을 pop-up[팝 업]이라고 해요. 우리나라에서는 흔히 '팝업창'이라고 부르죠.

09 The dog is the biggest of all. 개가 모두 중에 가장 커요.

Junho **The hamster is the smallest of all.**
더 **햄**스터 이즈 더 **스**몰리스트 오브 **올**

The dog is the biggest of all.
더 **도**그 이즈 더 **비**기스트 오브 **올**

The cat is the youngest of all.
더 **캣** 이즈 더 **영**기스트 오브 **올**

The turtle is the slowest of all.
더 **터**틀 이즈 더 **슬로**이스트 오브 **올**

말하기 공식

주어 **+ is the +** 형용사 최상급 **+ of all.**
_____은 모두 중에 가장 _____하다.

듣고 따라해 보세요.
09-1

준호　햄스터가 모두 중에 가장 작아요.

개가 모두 중에 가장 커요.

고양이가 모두 중에 가장 어려요.

거북이가 모두 중에 가장 느려요.

hamster [**햄**스터] 햄스터 　단어

smallest [**스몰**리스트] 가장 작은

of [**오브**] ~중에서

all [**올**] 모든 것, 모두

dog [**도그**] 개

biggest [**비**기스트] 가장 큰

cat [**캣**] 고양이

youngest [**영**기스트] 가장 어린

turtle [**터틀**] 거북

slowest [**슬로**이스트] 가장 느린

외양이나 상태를 나타내는 형용사의 최상급

oldest [오울디스트] 가장 오래된; 가장 나이 든

widest [와이디스트] (폭이) 가장 넓은

narrowest [네로이스트] (폭이) 가장 좁은

thickest [씨키스트] 가장 두꺼운

thinnest [씨니스트] 가장 얇은

fastest [패스티스트] 가장 빠른

longest [롱기스트] 가장 긴

tallest [톨리스트] 가장 키가 큰

heaviest [헤비이스트] 가장 무거운

lightest [라이티스트] 가장 가벼운

cheapest [치피스트] 가장 저렴한

most expensive [모스트 익스펜씨브] 가장 비싼

가장 어떠한 것

여러 개 중에서 '가장 ~하다'라고 할 때는 형용사에 -est를 붙인 최상급을 써서 표현합니다. 8과에서 형용사의 비교급을 배울 때, big[빅: 큰]이라는 단어는 모음 하나와 자음 하나로 끝나기 때문에 자음 g를 하나 더 쓰고 -er을 붙인다고 했죠? 최상급도 마찬가지로 자음을 하나 더 쓰고 -est를 붙여 biggest[비기스트]처럼 최상급을 만듭니다. 또한, wide[와이드: 폭이 넓은]처럼 e로 끝나는 단어는 -st만 붙이므로 최상급은 widest[와이디스트]가 돼요. heavy[헤비: 무거운]처럼 자음 뒤에 y가 오는 단어는 y를 i로 바꾸고 -est를 붙여 최상급을 만드므로 heaviest[헤비이스트]가 됩니다. 한편 긴 단어의 비교급에는 more[모어]를 붙이지만 최상급에는 most[모스트]를 붙여요. 그래서 '가장 비싼'은 most expensive[모스트 익스펜씨브]가 되죠.

● 주어진 표현을 빈칸에 넣어 문장을 말해 보세요.

heaviest
[헤비이스트]

longest
[롱기스트]

This box is the ＿＿＿＿＿ of all.
이 상자가 모든 것 중에 가장 무거워요.

This pen is the ＿＿＿＿＿ of all.
이 펜이 모든 것 중에 가장 길어요.

● 최상급 표현을 활용해서 가장 어떠한 물건을 말해 보세요.

This ＿＿＿＿＿ is the ＿＿＿＿＿ of all.

▶ 가능한 표현들을 226쪽에서 확인해 보세요.

대화하기

어떤 것이 모든 것 중 가장 저렴한가요?

질문 **Which one is the cheapest of all?**
위치 원 이즈 더 치피스트 오브 올
어떤 것이 모든 것 중 가장 저렴한가요?

대답 **This is the cheapest laptop.**
디스 이즈 더 치피스트 랩탑
이것이 가장 저렴한 노트북이에요.

Which one is the ~ of all?

'어떤'이라는 뜻의 which[위치]는 정해진 선택지 중에 하나를 골라 대답해 달라고 할 때 쓰는 의문사입니다. Which one is the (최상급)?으로 어떤 물건이 가장 어떠한지 물을 수 있어요.

대답할 때는 Yes[예스: 네]나 No[노우: 아니오]로 답하지 않고, 하나만 콕 짚어 얘기하면 됩니다.
'이것이 가장 ~한 명사이다'라는 의미로 This is the (최상급) (명사).로 답할 수 있어요.

● 빈칸에 알맞은 말을 넣어 대화를 완성해 보세요.
▶ 정답 208쪽

Kevin **Which one is the _____ of all?**
어떤 것이 모든 것에서 가장 무거운가요?

Clerk **This is the heaviest laptop.**
이것이 가장 무거운 노트북이에요.

Kevin **Which one is the _____ of all?**
어떤 것이 모든 것에서 가장 가볍나요?

Clerk **This is the lightest laptop.**
이것이 가장 가벼운 노트북이에요.

heaviest | lightest

형용사의 최상급

● 형용사의 최상급

셋 이상의 사물이나 사람 중에서 어떤 성질이 '가장 ~하다'라고 말할 때에는 형용사의 원급에 -est를 붙인 **최상급**을 써서 표현합니다. 이때 그중 최고인 것은 특정한 하나이므로 정관사 the[더]를 최상급 앞에 붙여서 the biggest[더 비기스트]처럼 씁니다. 참고로 발음이 모음(a, e, i, o, u)으로 시작하는 단어 앞에서는 the가 [디]로 발음되므로 the oldest[디 오울디스트]처럼 발음해요.

이때 최상급 표현 뒤에는 범위를 한정해 주는 of[오브]나 in[인], among[어몽] 같은 전치사가 올 수 있습니다. 여러 사물이나 사람 '중에서' 최고라는 것을 알려 주기 위해서죠. 예를 들어 of all[오브 올]은 '모든 것 중에서', in my family[인 마이 패밀리]는 '우리 가족 중에서', among my friends[어몽 마이 프렌즈]는 '내 친구들 중에서'란 뜻이에요.

| The dog
(그) 개는 | **+** | is
~이다 | **+** | the biggest
가장 큰 | **+** | of all.
모든 것 중에서 |

The cheetah is the fastest of all animals.
[더 **치**터 이즈 더 **패**스티스트 **오**브 올 애니멀즈]
치타가 모든 동물 중에서 가장 빨라요.

He is the tallest in my family.
[**히** 이즈 더 **톨**리스트 인 마이 **패**밀리]
그는 우리 가족 중에 가장 키가 커요.

A 영어 단어와 우리말 뜻을 바르게 연결하세요.

(1) hamster •   • 거북

(2) slowest •   • 가장 어린

(3) turtle •   • 햄스터

(4) cheapest •   • 가장 느린

(5) youngest •   • 가장 저렴한

B [보기]처럼 형용사를 비교급과 최상급으로 바꾸세요.

> 보기 **fast** (빠른) → **faster** (더 빠른) → **fastest** (가장 빠른)

(1) wide (폭이 넓은) → _____ → _____

(2) big (큰) → _____ → _____

(3) heavy (무거운) → _____ → _____

C 다음 문장을 완성하세요.

(1) 모두 중에 고양이가 가장 작아요.

The cat is _____ _____ of all.

(2) 이것이 가장 가벼운 노트북이에요.

This is _____ laptop.

(3) 그 펜이 모든 것 중에 가장 길어요.

The pen is the _____.

● 문장을 따라 쓰면서 연습해 보세요.

The hamster is the smallest of all.

The dog is the biggest of all.

The cat is the youngest of all.

The turtle is the slowest of all.

Which one is the cheapest of all?

This is the cheapest laptop.

season 시즌

드라마 볼 때 '시즌 1, 시즌 2'라는 말 들어 보셨나요? season[씨즌]은 원래 '계절'이란 뜻인데, 'TV 프로그램이 방영되는 기간'이라는 뜻도 됩니다. 드라마를 사전에 제작해 한 계절 동안 보여 주는 미국의 제작 방식에서 유래한 말이에요. 한국에서도 종종 인기 드라마나 예능 프로그램을 시즌제로 제작하고는 하죠.

episode 에피소드

episode[에피쏘우드]는 사람의 인생이나 소설에서 중요하거나 재미있는 '사건'을 뜻하는 단어입니다. TV 연속극의 '한 편, 1회 방송분'을 뜻하기도 합니다. 여러 편의 episode가 모여서 드라마의 한 season[씨즌]을 이루죠.

sitcom 시트콤

situation comedy의 줄임말이에요. situation[씨추에이션]은 '상황', comedy[카머디]는 '코미디, 희극'을 뜻합니다. 장소와 등장인물은 한정되어 있고 상황만 달라지는 재미있는 희극을 말해요. 우리나라의 「하이킥」 시리즈, 미국의 「프렌즈」 같은 시리즈가 시트콤에 해당합니다.

happy ending 해피 엔딩

happy[해피]는 '행복한', ending[엔딩]은 '결말'을 뜻합니다. happy ending은 '행복한 결말'을 뜻하는데, 반대로 주인공이 불행하게 끝나는 결말은 happy 대신 bad[배드: 나쁜]를 써서 bad ending[배드 엔딩]이라고 해요. 한편 해석의 여지를 남겨 놓는 '열린 결말'은 open ending[오픈 엔딩]이라고 합니다.

상대방에게 궁금한 것을 물어볼 때는 문장 맨 앞에 의문사를 씁니다.
일상회화에서 자주 쓰는 의문사로 위치, 가격, 시간, 날짜를 물어보는 법을 익히고,
질문에 어떻게 대답하는지도 배워 봅시다.

의문사로
묻고 답하기

⑩ Where is my laptop?
내 노트북은 어디에 있어?

Harim **Where is my laptop?**
웨어 이즈 마이 **랩탑**

Sejun **It is on the table.**
잇 이즈 온 더 **테이블**

Yujin **Where are my car keys?**
웨어 아 마이 **카** **키즈**

Junho **They are next to the vase.**
데이 아 **넥스트** 투 더 **베이스**

말하기 공식

Where is my + 단수 명사 **?**
내 _____은 어디에 있는가?

Where are my + 복수 명사 **?**
내 _____들은 어디에 있는가?

하림	내 노트북은 어디에 있어?
세준	그것은 탁자 위에 있어.
유진	내 자동차 열쇠들이 어디 있죠?
준호	그것들은 꽃병 옆에 있어요.

단어

where [웨어] 어디에

laptop [랩탑] 노트북 컴퓨터

it [잇] 그것은

on [온] ~위에

table [테이블] 탁자, 식탁

car [카] 자동차

key [키] 열쇠

they [데이] 그것들은

next to [넥스트 투] ~옆에

vase [베이스] 꽃병

집 안에서 볼 수 있는 다양한 물건

drawer [드로어] 서랍

sink [씽크] 싱크대, 세면대

lamp [램프] 등, 램프

electric fan [일렉트릭 팬] 선풍기

washing machine [워싱 머쉰] 세탁기

drying machine [드라잉 머쉰] 건조기

closet [클라짓] 벽장, 붙박이장

shelf [셸프] 선반

bookcase [북케이스] 책장

sofa [쏘우파] 소파

pillow [필로우] 베개

blanket [블랭킷] 담요

위치

물건의 위치를 물을 때는 Where is/are ~?[웨어 이즈/아]로 표현합니다. 대답할 때, 물건이 한 개면 it(그것), 여러 개면 they(그것들)라는 대명사로 대신해 It is[잇 이즈] 또는 They are[데이 아]로 말을 시작하죠. 다양한 위치 전치사를 써서 물건의 위치를 말해 보세요.

위치 전치사	뜻	위치 전치사	뜻
on [온]	~위에	**above** [어버브]	~위쪽에
under [언더]	~아래에	**next to** [넥스트 투]	~옆에
in [인]	~안에	**behind** [비하인드]	~뒤에
in front of [인 프런트 오브]	~앞에	**between A and B** [비트윈 에이 앤드 비]	A와 B 사이에

● 주어진 표현을 빈칸에 넣어 문장을 말해 보세요.

in front of the sofa
[인 프런트 오브 더 **쏘우파**]

It is _____.

그것은 소파 앞에 있어요.

in the closet
[인 더 클라짓]

They are _____.

그것들은 벽장 안에 있어요.

● 주변에 있는 물건의 위치를 말해 보세요.

It is _____.

They are _____.

▶ 가능한 표현들을 226쪽에서 확인해 보세요.

대화하기 — 린다의 가방은 어디에 있나요?

질문 **Where is Linda's bag?**
웨어 이즈 린다즈 백
린다의 가방은 어디에 있나요?

대답 **It is on the shelf.**
잇 이즈 온 더 셸프
그건 선반 위에 있어요.

Where is Linda's bag?

어떤 사람의 물건이 어디 있는지 물어볼 때 Where is 사람's (물건)?으로 말합니다. 사람 이름 뒤에 's를 붙이면 '~의'라는 소유의 의미를 나타낼 수 있어요. bag[백]은 '가방'이라는 뜻이므로 '린다의 가방'은 Linda's bag[린다즈 백]이 되지요. 마찬가지로 사람을 나타내는 명사에 's를 붙여도 '~의'라는 뜻이에요. 예를 들어 son[썬]은 '아들'인데 '내 아들의 가방'은 my son's bag[마이 썬즈 백]이라고 합니다.

● 빈칸에 알맞은 말을 넣어 대화를 완성해 보세요.

▶ 정답 209쪽

in the drawer

under the desk

Junho **Where is Harim's watch?**
하림이의 손목시계는 어디에 있나요?

Yujin **It is   .**
그것은 서랍 안에 있어요.

Where is Sejun's bag?
세준이의 가방은 어디에 있나요?

Junho **It is   .**
그것은 책상 아래에 있어요.

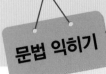

문법 익히기

의문사 where, 대명사 it/they

● 의문사 where

where[웨어]는 '어디에'를 뜻하는 의문사로 문장의 제일 앞에 옵니다. 물건이 어디에 있는지 물을 때에는 Where + be동사(is/are) + 물건? 형태를 사용해요. 하나의 물건이 어디 있는지 물어볼 때는 be동사로 is[이즈]가, 두 개 이상의 물건이 어디 있는지 물어볼 때는 are[아]가 옵니다. glasses[글래씨즈: 안경], pants[팬츠: 바지], scissors[씨저즈: 가위]처럼 하나의 물건이지만 복수형으로 쓰는 단어는 is 대신 are를 사용하므로 주의하세요.

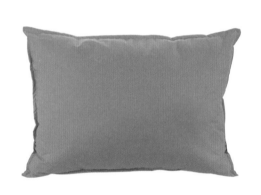

Where is my pillow?
[**웨어 이즈 마이 필로우**]
내 베개가 어디 있죠?

Where are my pants?
[**웨어 아 마이 팬츠**]
내 바지가 어디 있죠?

● 대명사 it/they

it[잇]은 '그것', they[데이]는 '그것들'을 가리키는 **대명사**입니다. 대명사는 명사를 대신해서 쓰는 말이에요. Where is my laptop?(내 노트북이 어디 있죠?)이라는 질문에 대해서 Your laptop is on the table.(당신의 노트북은 탁자 위에 있어요.)이라고 대답해도 되지만, 간단하게 '그것'이라는 뜻의 대명사 it을 대신 써서 It is on the table.(그것은 탁자 위에 있어요.)로 답할 수 있는 거죠.

▶ 정답과 자세한 해설은
209쪽에 있습니다.

A 우리말 뜻과 영어 단어를 바르게 연결하세요.

(1) ~사이에 •　　　　　　　　　• on

(2) ~뒤에 •　　　　　　　　　• under

(3) ~위에 •　　　　　　　　　• between

(4) ~옆에 •　　　　　　　　　• behind

(5) ~아래에 •　　　　　　　　　• next to

B 우리말 해석에 맞게 괄호 안의 단어를 배열하세요.

(1) 내 손목시계는 어디에 있나요? (watch / is / my / where)

→ _____

(2) 그것은 꽃병 앞에 있어요. (vase / front / is / the / it / in / of)

→ _____

C 다음 문장을 완성하세요.

(1) 린다(Linda)의 가방은 어디에 있나요?

Where is _____ bag?

(2) 내 열쇠들은 어디에 있나요?

Where _____ my _____?

(3) 그것들은 서랍 안에 있어요.

_____ are _____ the _____.

(4) 그것은 꽃병과 책 사이에 있어요.

It is _____ the vase _____ the book.

● 문장을 따라 쓰면서 연습해 보세요.

Where is my laptop?

It is on the table.

Where are my car keys?

They are next to the vase.

Where is Linda's bag?

It is on the shelf.

screen door 스크린 도어

screen[스크린]은 '칸막이, 가리개', door[도어]는 '문'이란 뜻입니다. 스크린 도어는 지하철이 다니는 선로와 승강장 사이를 차단하는 문이에요. 정확한 영어 명칭은 앞에 platform[플랫폼: 승강장]을 넣어 platform screen door[플랫폼 스크린 도어]라고 하죠.

navigation 내비게이션

차량에서 길을 안내해 주는 장치를 말합니다. 원래 navigation[내비게이션]은 '항해술, 비행술'이란 뜻이에요. 미국에서는 이 말 대신 Global Positioning System[글로벌 포지셔닝 시스템: 전세계 위치 파악 시스템]의 줄임말인 GPS란 단어를 주로 써요.

IC 아이씨

고속도로에서 흔히 볼 수 있는 IC는 interchange[인터체인지]의 줄임말입니다. 도로가 서로 교차하는 지점에 설치한 '입체 교차로'를 뜻해요. 차가 신호 없이도 다닐 수 있게 한 시설이죠. 우리말로는 '나들목'이라고도 합니다.

tollgate 톨게이트

고속도로를 지나갈 때 요금을 징수하는 '요금소'를 tollgate[토울게이트]라고 해요. toll[토울]은 '(길이나 다리를 지나갈 때 내는) 통행료', gate[게이트]는 '대문, 출입문'이란 뜻입니다.

⑪ How much is this apple?
이 사과는 얼마인가요?

Julie **How much is this apple?**
하우　머치　이즈　디스　애플

Clerk **It's 1,000 won.**
이츠　원 싸우전드　원

Julie **How much are these apples?**
하우　머치　아　디즈　애플즈

Clerk **They are 10,000 won.**
데이　아　텐 싸우전드　원

말하기 공식

How much is this + 단수 명사 **?**
이 _____은 얼마인가?

How much are these + 복수 명사 **?**
이 _____들은 얼마인가?

줄리	이 사과는 얼마인가요?
점원	그건 천 원입니다.
줄리	이 사과들은 얼마인가요?
점원	그것들은 만 원입니다.

단어

how much [**하우 머**치]
(값이) 얼마

this [**디**스] 이; 이것

apple [**애**플] 사과

thousand [**싸**우전드] 천

won [**원**] 원 (한국 돈의 단위)

these [**디**즈] 이; 이것들
(this의 복수형)

ten thousand [텐 **싸**우전드] 만

새콤달콤 맛있는 과일

포도는 한 송이에 포도알이 여러 개 달려 있으므로 -s가 붙은 복수형으로 씁니다.

pear [페어] 배
orange [오우린쥐] 오렌지
banana [버내너] 바나나
peach [피치] 복숭아
persimmon [퍼씨먼] 감
tomato [터메이토우] 토마토

grapes [그레입스] 포도
plum [플럼] 자두
lemon [레먼] 레몬
watermelon [워터멜런] 수박
kiwi [키위] 키위
strawberry [스트로베리] 딸기

표현 배우기 물건의 가격

가까이 있는 물건의 가격을 물을 때, 하나면 How much is this[하우 머치 이즈 디스] + 단수형?으로 물어보고, 여러 개면 How much are these[하우 머치 아 디즈] + 복수형?으로 물어봅니다. 대답할 때는 물어본 물건이 한 개면 It is + 숫자 + 돈 단위.로 답하고, 물건이 여러 개면 They are + 숫자 + 돈 단위.로 말해요. It is[잇 이즈]는 주로 It's[이츠]로 줄여서 쓰죠.

한국은 돈 단위가 커서 영어로 가격을 말하려면 쉽지 않아요. 가장 많이 쓰는 hundred[헌드레드: 백]와 thousand[싸우전드: 천]란 단어를 잘 기억해 두세요. 예를 들어 500은 five hundred[파이브 헌드레드], 5,000은 five thousand[파이브 싸우전드]입니다. 또한 영어에는 숫자 '만'을 나타내는 단어가 따로 없어서 thousand[싸우전드]를 사용해 표현해요. 예를 들어 50,000은 50이 천 개 있는 거니까 '50'을 나타내는 fifty[피프티]와 '천'을 나타내는 thousand[싸우전드]를 합쳐서 fifty thousand[피프티 싸우전드]라고 해요.

● 주어진 표현을 빈칸에 넣어 문장을 말해 보세요.

orange
[오우린쥐]

plums
[플럼즈]

How much is this _____?
이 오렌지는 얼마인가요?

How much are these _____?
이 자두들은 얼마인가요?

● 빈칸에 먹고 싶은 과일을 넣어 가격을 물어보세요.

How much is this _____?

How much are these _____?

▶ 가능한 표현들을 227쪽에서 확인해 보세요.

저 복숭아는 얼마인가요?

질문 **How much is that peach?**
하우 머치 이즈 댓 피치
저 복숭아는 얼마인가요?

대답 **It's 3,000 won.**
이츠 쓰리 싸우전드 원
그건 3천 원입니다.

How much is that ~?

가까운 곳에 있는 하나의 사물을 가리킬 때는 this[디스: 이, 이것], 조금 멀리 있는 사물을 가리킬 때는 that[댓: 저, 저것]을 씁니다. '이 복숭아'는 this peach[디스 피치], '저 복숭아'는 that peach[댓 피치]예요. 한편 여러 개일 때에는 가까운 것은 these[디즈], 멀리 있는 것은 those[도우즈]를 씁니다. '이 복숭아들'은 these peaches[디즈 피치즈], '저 복숭아들'은 those peaches[도우즈 피치즈]라고 하죠.

● 빈칸에 알맞은 말을 넣어 대화를 완성해 보세요.   ▶ 정답 210쪽

Kevin   **How much is that** _____ **?**
저 수박은 얼마인가요?

Clerk   **It's 20,000 won.**
그건 2만 원입니다.

Kevin   **How much are those** _____ **?**
저 딸기들은 얼마인가요?

Clerk   **They are 7,000 won.**
그것들은 7천 원입니다.

문법 익히기

how much, 돈의 복수형

● 가격을 물을 때 쓰는 how much

의문사 how[하우]는 '어떻게'라는 뜻으로 방법이나 방식을 물을 때도 쓰지만, 수량이나 정도가 '얼마나, 어느 정도'인지 물을 때도 씁니다. 물건의 가격을 물을 때는 '(가격이) 얼마'라는 뜻의 **how much**[하우 머치]를 사용해요. 묻는 대상이 하나일 때는 be동사 is[이즈]를 쓰고 여러 개일 때는 are[아]를 써요.

가까이 있는 하나의 물건은 this[디스], 두 개 이상의 물건은 this의 복수형인 these[디즈]로 물어봅니다. 이때 these 뒤에는 반드시 단어의 복수형이 와야 해요. 한국어에서는 바나나가 여러 개 있어도 굳이 '바나나들'이라고 말하지 않지만, 영어에서는 두 개 이상의 셀 수 있는 명사에는 bananas[버내너즈]처럼 -s나 -es를 붙여 여러 개라는 것을 표시해 주죠. 복수형 만드는 자세한 방법은 236쪽을 참고하세요.

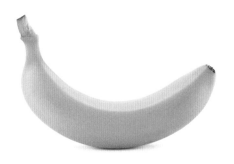

How much is this banana?
[**하우 머치** 이즈 **디스** 버내너]
이 바나나는 얼마인가요?

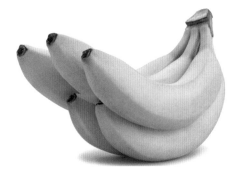

How much are these bananas?
[**하우 머치** 아 **디즈** 버내너즈]
이 바나나들은 얼마인가요?

● 돈의 복수형

한국 돈의 단위인 won[원]은 단수형과 복수형의 형태가 같아요. 그래서 wons라고 쓰지 않고 항상 won이라고만 쓰죠. 하지만 미국 돈의 단위인 dollar[달러]는 2달러 이상이면 꼭 -s를 붙여 dollars[달러즈]라고 복수형으로 써야 합니다. 그래서 '1달러'는 one dollar[원 달러]라고 하지만 '10달러'는 ten dollars[텐 달러즈]라고 해요.

▶ 정답과 자세한 해설은 210쪽에 있습니다.

A 우리말에 맞는 단어를 [보기]에서 찾아 쓰세요

> 보기 plum   peach   banana
>   kiwi   orange   apple

(1) 사과 _____   (2) 복숭아 _____

(3) 자두 _____   (4) 바나나 _____

(5) 키위 _____   (6) 오렌지 _____

B 괄호 안에서 알맞은 단어를 고르세요.

(1) How much (is / are) this pear? 이 배는 얼마인가요?

(2) How much are (this / these) tomatoes? 이 토마토들은 얼마인가요?

C 다음 문장을 완성하세요.

(1) 이 수박은 얼마인가요?

　　How much is this _____?

(2) 그건 만 원입니다.

　　_____ 10,000 _____.

(3) 이 자두들은 얼마인가요?

　　_____ much are _____?

(4) 그것들은 10달러입니다.

　　_____ 10 _____.

● 문장을 따라 쓰면서 연습해 보세요.

How much is this apple?

It's 1,000 won.

How much are these apples?

They are 10,000 won.

How much is that peach?

How much are those strawberries?

working mom 워킹 맘

'일하다'라는 뜻의 work[워크]에 -ing가 붙은 working[워킹]은 '일하는'이란 뜻이고 mom[맘]은 '엄마'라는 뜻입니다. 말 그대로 '일하는 엄마'라는 뜻으로, 아이가 있고 직업을 가진 여성을 가리키는 말이죠. '일하는 아빠'를 working daddy[워킹 대디]라고 부르기도 하는데, daddy[대디]가 '아빠'라는 뜻이에요.

baby boomer 베이비 부머

전쟁이 끝나고 안정된 시기에는 출생률이 증가하는데, 그때 태어난 사람들을 뜻하는 표현입니다. baby[베이비]는 '아기'란 뜻이에요. boom[붐]은 '갑작스러운 증가'란 뜻인데 사람을 나타내는 접미사 -er이 붙어서 '갑작스럽게 증가한 사람'을 의미하죠.

voice phishing 보이스 피싱

voice[보이스]는 '목소리, 음성'이란 뜻이고 phishing[피싱]은 발음이 같은 fishing(낚시)에서 온 말입니다. 말 그대로 목소리로 사람을 낚아 속이는 전화금융사기를 의미해요. 참고로 문자를 사용한 금융사기를 뜻하는 smishing[스미싱]은 '문자 메시지'를 뜻하는 SMS와 phishing의 합성어예요.

zero waste 제로 웨이스트

'숫자 0'을 뜻하는 zero[지로우]와 '쓰레기'를 뜻하는 waste[웨이스트]를 합친 말이에요. 쓰레기를 0으로 만들기 위해 폐기물을 최소화하고 물건의 재활용과 재사용을 극대화하려는 움직임을 말합니다.

숫자 읽기

11-5

one [원]	1
two [투]	2
three [쓰리]	3
four [포]	4
five [파이브]	5
six [씩스]	6
seven [쎄븐]	7
eight [에잇]	8
nine [나인]	9
ten [텐]	10
eleven [일레븐]	11
twelve [트웰브]	12
thirteen [써틴]	13
fourteen [포틴]	14
fifteen [피프틴]	15
sixteen [씩스틴]	16
seventeen [쎄븐틴]	17
eighteen [에이틴]	18
nineteen [나인틴]	19
twenty [트웬티]	20
twenty-one [트웬티원]	21
twenty-two [트웬티투]	22
twenty-three [트웬티쓰리]	23
twenty-four [트웬티포]	24
twenty-five [트웬티파이브]	25
twenty-six [트웬티씩스]	26
twenty-seven [트웬티쎄븐]	27
twenty-eight [트웬티에잇]	28
twenty-nine [트웬티나인]	29
thirty [써티]	30
forty [포티]	40
fifty [피프티]	50
sixty [씩스티]	60
seventy [쎄븐티]	70
eighty [에이티]	80
ninety [나인티]	90
one hundred [원 헌드레드]	백
one thousand [원 싸우전드]	천
ten thousand [텐 싸우전드]	만
one hundred thousand [원 헌드레드 싸우전드]	십만
one million [원 밀리언]	백만
ten million [텐 밀리언]	천만

11-6

How much is it? 그거 얼마예요?

[하우 머치 이즈 잇]

It's 500(five hundred) won. 500원이에요.
[이츠 파이브 헌드레드 원]

It's 5,200(five thousand two hundred) won. 5,200원이에요.
[이츠 파이브 싸우전드 투 헌드레드 원]

It's 12,000(twelve thousand) won. 12,000원이에요.
[이츠 트웰브 싸우전드 원]

It's 24,500(twenty-four thousand five hundred) won. 24,500원이에요.
[이츠 트웬티 포 싸우전드 파이브 헌드레드 원]

It's 200,000(two hundred thousand) won. 20만 원이에요.
[이츠 투 헌드레드 싸우전드 원]

⑫ **What time is it now?**
지금 몇 시니?

Junho **What time is it now?**
왓　　타임　이즈 잇　**나우**

Harim **It's eight o'clock.**
이츠　**에잇**　　어클락

Junho **What time is your English class?**
왓　　타임　이즈　유어　　**잉**글리시　　클래스

Sejun **It's at ten thirty.**
이츠　앳　**텐**　써티

말하기 공식

What time is + 명사 **?** _____은 몇 시인가?

It's + 시간 **.** (시간이) _____이다.

It's at + 시간 **.** (그것은) _____시(시간)에 있다.

듣고 따라해 보세요.
12-1

준호　지금 몇 시니?

하림　8시 정각이에요.

준호　네 영어 수업은 몇 시니?

세준　10시 30분에 있어요.

단어

what [왓] 무엇

time [타임] 시간

now [나우] 지금

eight [에잇] 여덟, 8

o'clock [어클락] ~시 (정각)

English [잉글리시] 영어

class [클래스] 수업

at [앳] (시간)에

ten [텐] 열, 10

thirty [써티] 서른, 30

o'clock은 시간을 나타내는 1부터 12까지의 숫자 뒤에 와서 딱 그 시간임을 나타내요.

다양한 시간

one o'clock [원 어클락] 1시 (정각)

one twenty [원 트웬티] / **twenty past one** [트웬티 패스트 원] 1시 20분

one fifty [원 피프티] / **ten to two** [텐 투 투] 1시 50분

one thirty [원 써티] / **half past one** [해프 패스트 원] 1시 30분, 1시 반

one fifteen [원 피프틴] / **a quarter past one** [어 쿼터 패스트 원] 1시 15분

one forty-five [원 포티파이브] / **a quarter to two** [어 쿼터 투 투] 1시 45분

시간

It's[이츠] 다음에 시간을 나타내는 표현을 넣으면 현재 시간을 말할 수 있습니다. '몇 시 (정각)'은 숫자 뒤에 o'clock[어클락]이란 단어를 쓰고, '몇 시 몇 분'은 시와 분에 해당하는 숫자를 순서대로 읽어 주면 됩니다. 예를 들어 '1시 20분'은 one twenty[원 트웬티]라고 하죠.

한편 1~30분은 전치사 past[패스트: ~지나서], 31~59분은 전치사 to[투: ~전]를 활용해 말할 수도 있습니다. 예를 들어 '1시 10분'은 1시에서 10분 지난 것이므로 ten past one[텐 패스트 원]이라고 하고, '1시 50분'은 2시 10분 전이므로 ten to two[텐 투 투]라고 표현하는 거죠.

'30분'은 half[해프: 절반], 15분은 quarter[쿼터: 4분의 1]를 사용해 나타내기도 합니다. 한 시간의 절반이 '30분', 한 시간의 4분의 1은 '15분'이기 때문이지요. 예를 들어 '9시 30분/반입니다'는 It's half past nine.[이츠 해프 패스트 나인]이라고 하고, '9시 15분입니다'는 It's a quarter past nine.[이츠 어 쿼터 패스트 나인]이라고 해요.

● 주어진 표현을 빈칸에 넣어 문장을 말해 보세요.

three o'clock
[쓰리 어클락]

It's _____ .
3시 (정각)입니다.

seven ten
[쎄븐 텐]

It's _____ .
7시 10분입니다.

half past five
[해프 패스트 파이브]

It's _____ .
5시 30분/반입니다.

● 지금 시간을 말해 보세요.

It's _____ .

▶ 가능한 표현들을 227쪽에서 확인해 보세요.

그 가게는 몇 시에 문을 열어요?

질문 **What time does the store open?**
왓　타임　더즈　더　스토어　오픈
그 가게는 몇 시에 문을 열어요?

대답 **It opens at nine thirty.**
잇　오픈즈　앳　나인　써티
9시 30분에 문을 엽니다.

What time does the store open?

what time[왓 타임]은 '몇 시'라는 뜻으로 시간을 물을 때 씁니다. '3인칭 단수 주어는 몇 시에 ~합니까?'라고 물어볼 때 What time does + 주어 + 동사? 형태를 사용해요. 가게의 영업 시간을 물을 때는 동사 자리에 open[오픈: 열다], close[클로즈: 닫다] 같은 동사를 넣으면 돼요.
이 질문에 대한 대답은 'It + 동사(e)s + at + 시간'으로 하면 됩니다. 여기서 at[앳]은 시간을 나타내는 전치사로 '(시간)에'를 의미합니다.

● 빈칸에 알맞은 말을 넣어 대화를 완성해 보세요.　　　▶정답 211쪽

Linda **What time does your restaurant open?**
당신의 식당은 몇 시에 문을 여나요?

Aarav **It opens at _____.**
11시 30분에 열어요.

Linda **What time does your restaurant close?**
당신의 식당은 몇 시에 문을 닫나요?

Aarav **It closes at _____.**
8시 정각에 닫아요.

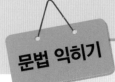

시간을 나타내는 주어 it, what + 명사

● 시간을 나타내는 주어 it

it[잇]은 대명사로 '그것'이라는 뜻도 있지만, 시간을 나타내는 **비인칭 주어**로도 씁니다. 이때의 it은 '그것'이라고 해석하지 않으니 주의하세요. 참고로 시간뿐 아니라 요일이나 날짜, 날씨를 나타낼 때도 it을 주어로 씁니다.

It's seven o'clock now.

[이츠 쎄븐 어클락 나우]

지금은 7시 정각이에요.

It's Sunday today.

[이츠 썬데이 투데이]

오늘은 일요일이에요.

● what + 명사

의문사 what[왓] 뒤에 명사가 오면 '무슨 명사'라는 뜻이 됩니다. 그래서 '시간'이라는 뜻의 time[타임]을 뒤에 넣어 what time[왓 타임]이라고 하면 '무슨 시간', 즉 '몇 시'라는 뜻이 되죠. 한편 오늘이 무슨 요일인지 물어볼 때는 day[데이: 요일, 날]를 써서 What day is it today?[왓 데이 이즈 잇 투데이]라고 해요.

| **What time** 몇 시(의문사+명사) | + | **is** ~이다(be동사) | + | **it** (가주어) | + | **now?** 지금(부사) |

A 우리말에 맞는 단어를 [보기]에서 찾아 쓰세요

> 보기 eight   o'clock   now
>   thirty   class   time

(1) 서른, 30 _____   (2) 지금 _____

(3) ~시 (정각) _____   (4) 시간 _____

(5) 여덟, 8 _____   (6) 수업 _____

B 우리말 해석에 맞게 괄호 안의 단어를 배열하세요.

(1) 지금 몇 시인가요? (time / what / now / it / is)

→ _____

(2) 2시 반이에요. (half / it's / two / past)

→ _____

C 다음 문장을 완성하세요.

(1) 3시 15분이에요.

It's three _____.

(2) 6시 정각이에요.

_____ six _____.

(3) 네 영어 수업은 몇 시니?

_____ time is your _____ _____?

(4) 10시 30분에 문을 엽니다.

It _____ ten _____.

● 문장을 따라 쓰면서 연습해 보세요.

What time is it now?

It's eight o'clock.

What time is your English class?

It's at ten thirty.

What time does the store open?

It opens at nine thirty.

appetizer 애피타이저

여러 가지 음식이 나오는 코스 요리에서 주 요리를 먹기 전에 식욕을 돋우기 위해 먹는 '전채 요리'를 말합니다. salad[쌜러드: 샐러드]나 soup[쑤프: 수프] 같은 요리가 여기에 해당하죠.

main menu 메인 메뉴

main[메인]은 '주요한, 주된'이란 뜻이며 menu[메뉴]는 '요리, 음식'이란 뜻이에요. 즉 '주 요리'를 가리킵니다. steak[스테익: 스테이크], pasta[파스타: 파스타]처럼 한 끼 식사가 되는 요리를 말해요.

side dish 사이드 디쉬

side[싸이드: 옆]와 dish[디쉬: 요리]를 합친 말로, 주 요리에 같이 곁들여 먹는 요리를 말합니다. potato[퍼테이토우: 감자]나 bread[브레드: 빵]가 여기에 해당하죠.

lunch menu 런치 메뉴

lunch[런치]는 '점심식사', menu[메뉴]는 '차림표, 식단'이란 뜻으로, lunch menu는 '점심 식단'을 말합니다. 식당에서 점심시간에만 손님들에게 제공하는 음식 메뉴예요. '특별한 것'을 뜻하는 special[스페셜]을 써서 lunch special[런치 스페셜]이라고도 하죠.

⑬ When is Chuseok?
추석은 언제인가요?

Linda **When is New Year's Day?**
웬　　이즈　　누　　이어즈　　데이

Junho **It's February 10.**
이츠　　페뷰에리　　텐쓰

Linda **When is Chuseok?**
웬　　이즈　　추석

Junho **It's September 17.**
이츠　　쎕템버　　쎄븐틴쓰

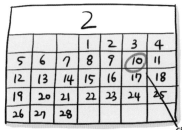

말하기 공식

When is + 기념일 이름 **?**　　　　　_____은 언제인가?

It's + 달 이름 **+** 일 **.**　　　_____월 _____일이다.

듣고 따라해 보세요.
13-1

기념일 날짜 물어보기

날짜 말하기

린다   설날은 언제인가요?

준호   2월 10일이에요.

린다   추석은 언제인가요?

준호   9월 17일이에요.

단어

when [웬] 언제

New Year's Day
[누 이어즈 데이] 새해 첫날, 설날

February [페뷰에리] 2월

10(tenth) [텐쓰] 10번째

September [쎕템버] 9월

17(seventeenth) [쎄븐틴쓰]
17번째

미국에는 어버이날 대신 '어머니의 날'과 '아버지의 날'이 각각 있어요.

미국의 다양한 기념일

Memorial Day [머모리얼 데이] 현충일   5월 마지막 주 월요일
Mother's Day [마더즈 데이] 어머니의 날   5월 둘째 주 일요일
Father's Day [파더즈 데이] 아버지의 날   6월 셋째 주 일요일
Independence Day [인디펜던스 데이] 독립 기념일   7월 4일
Thanksgiving Day [땡스기빙 데이] 추수감사절   11월 넷째 주 목요일
Christmas [크리스머스] 크리스마스, 성탄절   12월 25일

표현 배우기

날짜

날짜를 말할 때는 시간을 말할 때처럼 it[잇]을 주어로 해서 It's (날짜).라고 합니다. 오늘 날짜를 말하고 싶으면 이 뒤에 '오늘'을 뜻하는 today[투데이]를 넣으면 돼요. 미국에서는 '몇 월 며칠'이라는 날짜를 나타낼 때 흔히 February 10처럼 '달 이름 + 일을 나타내는 숫자'를 써요. 그런데 일을 나타내는 숫자를 읽을 때는 주의해야 해요. one[원: 하나], two[투: 둘]처럼 읽는 게 아니라 '첫 번째', '두 번째'처럼 순서를 나타내는 단어인 '서수'로 읽거든요.

서수는 first[퍼스트: 1일(첫 번째)], second[쎄컨드: 2일(두 번째)], third[써드: 3일(세 번째)]를 제외하고는 보통 숫자 단어 뒤에 -th를 붙인 형태예요. '10일(10번째)'를 나타내는 tenth[텐쓰], '14일(14번째)'를 나타내는 fourteenth[포틴쓰]처럼요. 단, '5일'을 뜻하는 fifth[피프쓰]와 '9일'을 나타내는 ninth[나인쓰]처럼 형태가 살짝 다른 것도 있으므로 주의해야 합니다.

달과 서수를 나타내는 자세한 단어는 138-139쪽을 참고하세요.

● 주어진 표현을 빈칸에 넣어 문장을 말해 보세요.

February 14
[페뷰에리 포틴쓰]

It's _____ today.
오늘은 2월 14일이에요.

October 1
[악토버 퍼스트]

It's _____ today.
오늘은 10월 1일이에요.

December 25
[디쎔버 트웬티피프쓰]

It's _____ today.
오늘은 12월 25일이에요.

● 빈칸에 오늘 날짜를 넣어서 말해 보세요.

It's _____ today.

▶ 가능한 표현들을 228쪽에서 확인해 보세요.

대화하기 당신의 생일은 언제인가요?

질문 **When is your birthday?**
웬　이즈 유어　버쓰데이
당신의 생일은 언제인가요?

대답 **It's August 20(twentieth).**
이츠　오거스트　트웬티어쓰
8월 20일이에요.

When is your birthday?

birthday[버쓰데이]는 '생일'이라는 뜻입니다. '당신의 생일'은 your birthday[유어 버쓰데이]예요.
다른 사람의 생일을 묻고 싶으면 your[유어: 당신의] 자리에 사람 이름's를 넣으면 돼요. 예를 들어
'린다의 생일'은 Linda's birthday[린다즈 버쓰데이], '잭의 생일'은 Jack's birthday[잭스 버쓰데이]
라고 해요.

● 빈칸에 알맞은 말을 넣어 대화를 완성해 보세요.　　　　　　　　　　▶ 정답 212쪽

Kevin　**When is your birthday?**
　　　당신의 생일은 언제인가요?

Yujin　**It's　　　　　　.**
　　　11월 3일이에요.

Kevin　**When is Junho's birthday?**
　　　준호의 생일은 언제인가요?

Yujin　**It's　　　　　　.**
　　　It's Parents' Day, too.
　　　5월 8일이에요. 어버이날이기도 하죠.

November 3

May 8

의문사가 들어간 의문문

● 의문사가 들어간 의문문

지금까지 다양한 의문사를 배웠습니다. **의문사**는 의문문을 만들 때 쓰는 말로, 이번 과에서 학습한 when[웬: 언제]을 비롯해 what[왓: 무엇을], where[웨어: 어디에], why[와이: 왜], who[후: 누구], how[하우: 어떻게, 얼마나] 같은 단어가 모두 의문사예요.

의문사가 들어가는 의문문에서는 **의문사가 문장의 제일 앞**에 오고 뒤에 be동사나 조동사가 옵니다. 가령 현재 시제로 의문사가 쓰인 의문문을 만들면 '의문사 + am/are/is + 주어?' 또는 '의문사 + do/does + 주어 + 동사?'의 형태가 되죠. 아래 예문을 통해 자세히 살펴봅시다.

When is your wedding?

[웬 이즈 유어 웨딩]

당신의 결혼식은 언제인가요?

Where is your hometown?

[웨어 이즈 유어 호움타운]

당신의 고향은 어디인가요?

Why do you study English?

[와이 두 유 스터디 잉글리쉬]

당신은 왜 영어를 공부하나요?

What does she like?

[왓 더즈 쉬 라이크]

그녀는 무엇을 좋아하나요?

A 우리말 뜻과 영어 단어를 바르게 연결하세요.

(1) 10번째 •   • September

(2) 10월 •   • February

(3) 2월 •   • October

(4) 언제 •   • when

(5) 9월 •   • tenth

B 우리말 해석에 맞게 괄호 안의 단어를 배열하세요.

(1) 그녀는 무엇을 좋아하나요? (she / does / what / like)

➡ _____

(2) 11월 11일이에요. (November / it's / 11)

➡ _____

C 다음 문장을 완성하세요.

(1) 린다(Linda)의 생일은 언제인가요?

When is _____ _____ ?

(2) 설날은 언제인가요?

_____ is _____ Year's Day?

(3) 5월 8일이에요.

It's _____ _____ .

(4) 오늘은 12월 17일이에요.

_____ _____ today.

● 문장을 따라 쓰면서 연습해 보세요.

When is New Year's Day?

It's February 10(tenth).

When is Chuseok?

It's September 17(seventeenth).

When is your birthday?

It's August 20(twentieth).

생활 속 영어 익히기 | 축구

heading shoot 헤딩 슛

head[헤드]는 '머리', shoot[슛]은 '공을 차다'란 뜻으로, 헤딩 슛은 축구에서 골대를 향해 머리로 공을 넣는 것을 뜻해요. '헤딩 슛'은 사실 콩글리시로, 영어에서는 header[헤더]라고 해요. 참고로 골대를 향해 공을 차는 것을 한국에서는 '슛'이라고 하지만, 영어에서는 shot[샷]이라고 합니다.

corner kick 코너 킥

코너 킥은 축구의 경기 규칙 중 하나예요. corner[코너]는 '모퉁이', kick[킥]은 '발로 차기'란 뜻입니다. 수비수가 골 라인(goal line) 밖으로 공을 차냈을 때, 공격수가 골대 양쪽에 있는 모퉁이에 공을 놓고 차는 것을 뜻하죠.

goalkeeper 골키퍼

goal[고울]은 '득점'을 뜻합니다. keep[킵]은 '지키다'란 뜻이고, 끝에 -er이 붙은 keeper[키퍼]는 '지키는 사람'이란 뜻이 됩니다. 골키퍼는 말 그대로 자신의 팀 진영에서 골대를 지키며 상대팀의 득점을 막는 선수를 뜻해요.

midfielder 미드필더

mid[미드]는 '중앙, 가운데', field[필드]는 '경기장'을 뜻합니다. midfield[미드필드]는 축구 경기장의 중앙 부분을 가리키죠. 미드필더는 선수 포지션 중 하나로, 축구 경기장에서 중앙 부분을 책임지면서 공격과 수비를 자유롭게 오가는 역할을 하는 선수예요.

January [재뉴어리]

1월

February [페뷰에리]

2월

March [마치]

3월

April [에이프럴]

4월

May [메이]

5월

June [준]

6월

July [줄라이]

7월

August [오거스트]

8월

September [쎕템버]

9월

October [악토버]

10월

November [노벰버]

11월

December [디쎔버]

12월

first [퍼스트]	1일	
second [쎄컨드]	2일	
third [써드]	3일	
fourth [포쓰]	4일	
fifth [피프쓰]	5일	
sixth [씩스쓰]	6일	
seventh [쎄븐쓰]	7일	
eighth [에이쓰]	8일	
ninth [나인쓰]	9일	
tenth [텐쓰]	10일	
eleventh [일레븐쓰]	11일	
twelfth [트웰프쓰]	12일	
thirteenth [써틴쓰]	13일	
fourteenth [포틴쓰]	14일	
fifteenth [피프틴쓰]	15일	
sixteenth [씩쓰틴쓰]	16일	
seventeenth [쎄븐틴쓰]	17일	
eighteenth [에이틴쓰]	18일	
nineteenth [나인틴쓰]	19일	

twentieth [트웬티어쓰]	20일
twenty-first [트웬티퍼스트]	21일
twenty-second [트웬티세컨드]	22일
twenty-third [트웬티써드]	23일
twenty-fourth [트웬티포쓰]	24일
twenty-fifth [트웬티피프쓰]	25일
twenty-sixth [트웬티씩스쓰]	26일
twenty-seventh [트웬티쎄븐쓰]	27일
twenty-eighth [트웬티에이쓰]	28일
twenty-ninth [트웬티나인쓰]	29일
thirtieth [써티어쓰]	30일
thirty-first [써티퍼스트]	31일

지금까지는 현재의 상태나 동작을 나타내는 표현을 배웠습니다.
하지만 대화를 하다 보면 옛날에 있었던 일이나 앞으로의 계획에 대해 말할 일도 많죠.
지금부터는 과거의 상태와 과거에 했던 일, 그리고 미래에 할 일을 어떻게 말하는지 익혀 봅시다.

과거와 미래의 일 말하기

14 He wasn't tall.
그는 키가 크지 않았어요.

Harim **Sejun was short.**
세준　　워즈　　쇼트

He wasn't tall.
히　　워즈ㄴ트　　톨

I was short, too.
아이 워즈　　쇼트　　투

We were short.
위　　워　　쇼트

말하기 공식

주어 **+ was/were +** 형용사 **.**
_____은 _____이었다.

주어 **+ wasn't/weren't +** 형용사 **.**
_____은 _____이지 않았다.

하림   세준이는 키가 작았어요.

그는 키가 크지 않았어요.

저도 키가 작았어요.

우리는 키가 작았어요.

단어

was [워즈] ~이었다
(am/is의 과거형)

short [쇼트] 키가 작은; 짧은

wasn't [워즌트] ~이 아니었다
(was not의 줄임말)

tall [톨] 키가 큰

too [투] 또한, ~도

we [위] 우리는, 우리가

were [워] ~이었다
(are의 과거형)

반대 의미를 갖는 형용사 짝

single [씽글] 미혼의, 독신의
married [매리드] 결혼한, 기혼의
clean [클린] 깨끗한
dirty [더티] 더러운
rich [리치] 부유한, 부자의
poor [푸어] 가난한

thin [씬] 마른
fat [팻] 뚱뚱한
young [영] 젊은, 어린
old [올드] 나이 든
weak [위크] 약한, 허약한
healthy [헬씨] 건강한

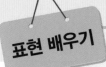

표현 배우기 — 반대 의미를 갖는 형용사

'나는 ~이었다'라고 내 과거의 상태를 나타낼 때는 I was[아이 워즈] 뒤에 상태를 나타내는 형용사를 넣어 말합니다. 반대로 '나는 ~이지 않았다'라고 할 때는 I wasn't[아이 워즌트] 뒤에 형용사를 넣어 말하죠.

상태를 나타내는 형용사는 서로 반대 의미를 갖는 것들을 함께 묶어서 외워 두면 기억하기 좋아요. tall[톨] / short[쇼트]는 사람의 키가 크고 작음을 나타내고 long[롱] / short[쇼트]는 사물의 길고 짧음을 나타냅니다. short는 '키가 작은'과 '길이가 짧은'이라는 두 가지 뜻으로 모두 쓰여요. 한편 사물이 무겁고 가벼운 것을 표현할 때는 heavy[헤비] / light[라이트]를 쓰는데, 사람이 살찐 것을 나타낼 때 heavy를 쓰기도 해요. thin[씬: 마른]의 반대말인 fat[팻: 뚱뚱한]은 직접적인 단어라 다른 사람에게 대놓고 말하는 건 무례한 일이니 주의하세요.

● 주어진 표현을 빈칸에 넣어 문장을 말해 보세요.

dirty / clean
[더티 / 클린]

I was _____. I wasn't _____.
전 더러웠어요. 깨끗하지 않았어요.

single / married
[씽글 / 매리드]

I was _____. I wasn't _____.
전 미혼이었어요. 기혼이 아니었어요.

● 서로 반대되는 형용사를 넣어 자신의 과거 상태를 말해 보세요.

I was _____.

I wasn't _____.

▶ 가능한 표현들을 228쪽에서 확인해 보세요.

대화하기

그는 가난했나요?

질문 **Was he poor?**
워즈 히 푸어
그는 가난했나요?

대답 **No, he wasn't. He was rich.**
노우 히 워즌트 히 워즈 리치
아니요, 그렇지 않았어요. 그는 부유했어요.

Was he/she ~?

be동사가 들어간 문장을 의문문으로 바꿀 때는 주어와 be동사의 자리가 바뀝니다. '그는 가난했어요'라는 뜻의 문장 He was poor.[히 워즈 푸어]에서 주어 he[히]와 be동사 was[워즈]의 자리를 바꾸면 Was he poor?[워즈 히 푸어], 즉 그가 과거에 가난했냐고 묻는 의문문이 되죠.

이 질문에 대답할 때 긍정은 Yes, he was.[예스 히 워즈]로, 부정은 No, he wasn't.[노우 히 워즌트]로 말할 수 있어요.

● 빈칸에 알맞은 말을 넣어 대화를 완성해 보세요.

▶ 정답 213쪽

Yujin **Was Linda _____?**
린다는 말랐었나요?

Kevin **Yes, she was.**
네, 그랬어요.

Yujin **Was she _____?**
그녀는 허약했었나요?

Kevin **No, she wasn't. She was healthy.**
아뇨, 그렇지 않았어요. 그녀는 건강했어요.

문법 익히기

be동사의 과거형, 부정문

● be동사의 과거형

'~이다'라는 뜻을 가진 be동사는 주어에 따라 am[앰], is[이즈], are[아]로 형태가 달라집니다.
'~이었다'라고 과거의 상태를 나타낼 때도 마찬가지로, 주어에 따라 be동사의 형태가 달라지죠.
am[앰]과 is[이즈]의 과거형은 **was**[워즈], are[아]의 과거형은 **were**[워]입니다. 주어에 따른 be동사의 자세한 형태는 아래 표를 참고하세요.

주어	be동사 현재형	be동사 과거형
I [아이: 나는]	am [앰]	was [워즈]
He [히: 그는], She [쉬: 그녀는] It [잇: 그것은]	is [이즈]	was [워즈]
You [유: 너는, 너희는], We [위: 우리는] They [데이: 그들은]	are [아]	were [워]

● be동사 과거형의 부정문

'~이지 않았다'라고 과거의 상태를 부정할 때는 be동사인 was[워즈]와 were[워] 뒤에 not[낫]을
붙입니다. was not[워즈 낫]은 wasn't[워즈트], were not[워 낫]은 weren't[원트]로 줄여 말할 수도
있어요.

I wasn't sad.
[아이 워즈트 쌔드]
난 슬프지 않았어요.

We weren't hungry.
[위 원트 헝그리]
우리는 배고프지 않았어요.

A 우리말 뜻과 영어 단어를 바르게 연결하세요.

(1) 가난한 •　　　　　　　　　　• dirty

(2) 또한, ~도 •　　　　　　　　　　• poor

(3) 마른 •　　　　　　　　　　• too

(4) 더러운 •　　　　　　　　　　• weak

(5) 약한 •　　　　　　　　　　• thin

B 괄호 안에서 알맞은 단어를 고르세요.

(1) I (was / were) healthy. 나는 건강했어요.

(2) He (wasn't / weren't) old. 그는 나이 들지 않았어요.

(3) We (was / were) clean. 우리는 깨끗했어요.

C 다음 문장을 완성하세요.

(1) 그녀는 미혼이었어요.

　　She ＿＿＿＿＿＿＿＿ single.

(2) 나는 키가 작지 않았어요.

　　I ＿＿＿＿＿＿＿＿ ＿＿＿＿＿＿＿＿.

(3) 나도 키가 컸어요.

　　I ＿＿＿＿＿＿＿＿ ＿＿＿＿＿＿＿＿, ＿＿＿＿＿＿＿＿.

(4) 우리는 부자였어요.

　　We ＿＿＿＿＿＿＿＿ ＿＿＿＿＿＿＿＿.

● 문장을 따라 쓰면서 연습해 보세요.

Sejun was short.

He wasn't tall.

I was short, too.

We were short.

Was he poor?

No, he wasn't. He was rich

self-service 셀프 서비스

'자기 자신'이라는 뜻의 self[쎌프]와 '(손님에 대한) 서비스'를 뜻하는 service[써비스]를 합친 말이에요. 직원 대신 손님이 스스로 주문한 음식을 가져오거나 뒷정리를 하는 것을 뜻하죠. 한국에서는 '물은 셀프(self)입니다'라는 말을 많이 쓰는데 영어에서는 self 혼자만 쓰는 경우는 없으므로 콩글리시랍니다.

refill 리필

음식점에서 '콜라 리필해 주세요'라는 말, 많이 쓰시죠? fill[필]은 '(가득) 채우다'라는 뜻인데 앞에 '다시'를 나타내는 접두사 re[리]가 붙은 refill[리필]은 '다시 채우다'라는 뜻이 돼요. 음식이나 음료를 새 것으로 다시 채우는 것을 나타내는 말입니다.

take-out 테이크 아웃

햄버거나 커피를 주문할 때 테이크아웃을 많이 하는데요, take[테이크]는 '가지고 가다', out[아웃]은 '밖으로'를 뜻합니다. 말 그대로 음식을 가게에서 먹지 않고 포장해서 밖으로 가져가는 것을 말해요.

valet parking 발레 파킹

큰 음식점에 가면 직원이 고객의 차를 대신 주차해 주는 발레 파킹을 해주기도 하죠. valet[밸릿]은 '주차원'이란 뜻이고 parking[파킹]은 '주차'라는 뜻입니다. valet은 '남자 시종'을 뜻하는 프랑스어에서 왔는데 [밸레이]라고 발음하기도 해요.

15 I listened to music.
저는 음악을 들었어요.

Junho **We walked to the park.**
위　워트　투　더　파크

I listened to music.
아이　리쓴드　투　뮤직

Yujin looked at flowers.
유진　룩트　앳　플라워즈

We played badminton.
위　플레이드　배드민튼

말하기 공식

주어 ＋ 규칙동사의 과거형 . _____은 _____했다.

과거에 했던 일 말하기

듣고 따라해 보세요.
15-1

준호   우리는 공원에 걸어갔어요.

저는 음악을 들었어요.

유진 씨는 꽃들을 보았어요.

우리는 배드민턴을 쳤어요.

walked [워크트] 걸었다
(walk의 과거형)

park [파크] 공원

listened to [리쓴드 투]
~을 들었다 (listen to의 과거형)

music [뮤직] 음악

looked at [룩트 앳] ~을 보았다
(look at의 과거형)

flower [플라워] 꽃

played [플레이드] (경기를) 했다
(play의 과거형)

badminton [배드민튼] 배드민턴

규칙 동사의 과거형

stayed [스테이드] 머물렀다 stay의 과거형
washed [워시트] 씻었다 wash의 과거형
fixed [픽스트] 고쳤다 fix의 과거형
jogged [자그드] 조깅했다 jog의 과거형
studied [스터디드] 공부했다 study의 과거형
lived [리브드] 살았다 live의 과거형

cleaned [클린드] 청소했다 clean의 과거형
worked [워크트] 일했다 work의 과거형
cooked [쿡트] 요리했다 cook의 과거형
stopped [스타프트] 멈췄다 stop의 과거형
cried [크라이드] 울었다 cry의 과거형
liked [라이크트] 좋아했다 like의 과거형

표현 배우기

과거에 한 행동 (1)

우리말에서는 과거에 했던 행동을 나타낼 때 '갔다', '먹었다', '들었다'처럼 '았/었'을 붙입니다. 영어에서는 과거를 나타낼 때는 동사 뒤에 -ed를 붙여서 과거라는 것을 표시해 주죠. 예를 들어 walk[워크: 걷다]를 walked[웍트: 걸었다]로, look[룩: 보다]을 looked[룩트: 봤다]로 바꿔 주면 과거에 했던 행동을 나타낼 수 있어요.

과거에 한 행동을 나타내는 표현을 더 배워 볼까요? cook[쿡]의 과거형 cooked[쿡트] 뒤에 chicken[치킨: 닭고기], pasta[파스타] 같은 음식 이름을 넣으면 '~을 요리했다'라는 의미가 됩니다. live[리브]는 '살다'라는 뜻인데, 옛날에 '~에 살았다'라고 할 때는 lived in[리브드 인] 뒤에 살았던 도시 이름을 넣어 주면 되죠. 한편 walk[워크]는 '걷다'라는 뜻 외에도 '(동물을) 산책시키다'란 뜻이 있어서 walked the dog[웍트 더 도그]라고 하면 '개를 산책시켰다'라는 뜻이 돼요.

● 주어진 표현을 빈칸에 넣어 문장을 말해 보세요.

cooked chicken
[쿡트 치킨]

I _____.

저는 닭고기를 요리했습니다.

lived in Busan
[리브드 인 부산]

I _____.

저는 부산에 살았습니다.

● -ed가 붙는 동사의 과거형을 사용해 과거에 했던 일을 말해 보세요.

I _____.

▶ 가능한 표현들을 229쪽에서 확인해 보세요.

대화하기

당신은 컴퓨터를 수리했나요?

질문 **Did you fix your computer?**
디드 유 픽스 유어 컴퓨터
당신은 컴퓨터를 수리했나요?

대답 **Yes, I did.**
예스 아이 디드
네, 그랬어요.

Did you ~?

과거에 했는지 안 했는지 궁금할 때는 조동사 do[두]의 과거형 did[디드]를 써서 Did you (동사원형)?으로 물어봅니다. 맨 앞의 did에서 이미 과거라는 것을 나타냈으므로, 뒤에 나오는 동사는 -ed를 붙이지 않고 원래 형태로 씁니다. 그래서 fixed[픽스트]가 아니라 fix[픽스]를 쓰죠.

대답할 때에는 긍정은 Yes, I did.[예스 아이 디드]로, 부정은 No, I didn't.[노우 아이 디든트]로 답하면 됩니다.

● 빈칸에 알맞은 말을 넣어 대화를 완성해 보세요.

▶ 정답 214쪽

Sejun **Did you _____?**
집에 계셨어요?

Julie **No, I didn't.**
아니, 안 그랬어.

Sejun **Did you _____?**
개를 산책시키셨어요?

Julie **Yes, I did.**
응, 그랬어.

stay at home

walk your dog

15 저는 음악을 들었어요. **153**

문법 익히기

규칙 동사의 과거형

● 규칙 동사의 과거형

동사를 현재형으로 쓰면 늘 하는 일이나 습관을 나타내지만, **과거형**으로 쓰면 과거에 하고 끝난 일을 나타냅니다. 예를 들어 현재형으로 쓴 I watch TV in the evening.[아이 워치 티비 인 디이브닝]은 '나는 저녁에 티브이를 봐요'란 뜻으로 저녁에 하는 일반적인 습관을 나타내요. 반면 I watched TV yesterday.[아이 워치트 티비 예스터데이]는 '나는 어제 티브이를 봤어요'란 뜻으로 과거에 했고 지금은 더 이상 하고 있지 않은 행동을 나타내죠.

일반동사의 과거형을 만들 때는 일반적으로 동사의 현재형 뒤에 -ed를 붙입니다. 이런 형태를 **규칙 동사의 과거형**이라고 해요. '청소하다'라는 뜻의 동사 clean[클린]의 과거형은 cleaned[클린드]가 되는 거죠. live[리브]처럼 e로 끝나는 동사는 e를 빼고 -ed를 붙이므로 과거형은 lived[리브드]가 되고, jog[자그]처럼 '모음 한 개 + 자음 한 개'로 끝나는 동사는 뒤에 자음을 한 번 더 쓰고 -ed를 붙이므로 과거형은 jogged[자그드]라고 씁니다. 한편 study[스터디: 공부하다]처럼 '자음 + y'로 끝나는 단어는 y를 i로 바꾸고 -ed를 붙이므로 과거형은 studied[스터디드]가 되죠.

-ed가 붙지 않는 불규칙한 동사의 과거형은 다음 과에서 자세히 살펴보겠습니다.

I studied English.
[아이 스터디드 잉글리쉬]
나는 영어를 공부했어요.

I cleaned my room.
[아이 클린드 마이 룸]
나는 내 방을 청소했어요.

A 우리말에 맞는 단어를 [보기]에서 찾아 쓰세요.

> 보기 walked   cleaned   washed
>   cried   lived   stayed

(1) 청소했다 _____ (2) 씻었다 _____

(3) 머물렀다 _____ (4) 살았다 _____

(5) 걸었다 _____   (6) 울었다 _____

B 괄호 안에서 알맞은 단어를 고르세요.

(1) I (fix / fixed) my computer. 나는 내 컴퓨터를 수리했어요.

(2) We (studyed / studied) English. 우리는 영어를 공부했어요.

C 다음 문장을 완성하세요.

(1) 나는 공원에 걸어갔어요.

I _____ to the park.

(2) 당신은 닭고기를 요리했나요?

_____ you _____ chicken?

(3) 나는 음악을 들었어요.

I _____ _____ music.

(4) 나는 꽃들을 보았어요.

I _____ _____ _____ .

문장
따라 쓰기

● 문장을 따라 쓰면서 연습해 보세요.

We walked to the park.

I listened to music.

Yujin looked at flowers.

We played badminton.

Did you fix your computer?

Yes, I did.

lemonade 레모네이드

물이나 탄산수에 레몬즙을 넣어 만든 음료로, 설탕을 넣어 단맛을 내기도 하죠. 과일 이름인 lemon[레먼]과 음료 이름인 ade[에이드]를 합쳐 만든 단어예요. ade는 과일에 물과 탄산수를 섞어 만든 차가운 음료를 가리킵니다. 오렌지 과즙에 설탕과 탄산수를 섞어 만든 오렌지에이드(orangeade)도 있지요.

smoothie 스무디

딸기, 바나나, 망고 등의 과일을 얼린 후, 우유나 요구르트와 함께 믹서기로 갈아서 만든 음료입니다. 스무디는 '(반죽이나 소스가) 잘 개어진, 부드러운'이란 뜻의 smooth[스무쓰] 뒤에 친밀감을 나타내는 접미사 -ie를 붙여 만든 단어죠.

hot chocolate 핫 초콜릿

핫 초콜릿은 우유에 초콜릿이나 코코아 가루를 넣은 따뜻한 음료예요. hot[핫]은 '뜨거운'이란 뜻이고 chocolate[초컬럿]은 '초콜릿'을 가리킵니다. 우리나라에서는 '핫초코'라고 줄여 쓰는 경우도 많은데 영어로는 이렇게 말하지 않으니 주의하세요.

milk tea 밀크 티

홍차나 자스민차 같은 차에 우유를 섞어서 만든 음료로, '우유'를 뜻하는 milk[밀크]와 '차'를 뜻하는 tea[티]를 합친 말입니다. 설탕을 넣어 달콤하게 만들기도 해요. 한국에서는 '홍차 라떼'라고도 하는데 latte[라테이]는 이탈리아어로 '우유'라는 뜻이에요.

16 I made chicken soup.

전 닭고기 수프를 만들었어요.

Aarav **I made chicken soup.**
아이 메이드 치킨 쑤프

Harim didn't cook.
하림 디든트 쿡

She set the table.
쉬 쎗 더 테이블

We had dinner together.
위 해드 디너 투게더

[말하기 공식]

[주어] + [불규칙 동사의 과거형].

_____은 _____했다.

[주어] + **didn't** + [동사].

_____은 _____하지 않았다.

듣고 따라해 보세요.
16-1

아라브 전 닭고기 수프를 만들었어요.

하림이는 요리하지 않았어요.

그녀는 상을 차렸어요.

우리는 함께 저녁을 먹었어요.

made [메이드] 만들었다
(make의 과거형)

chicken [치킨] 닭고기

soup [쑤프] 수프

didn't [디든트] ~하지 않았다

set [쎗] (식탁을) 차렸다
(set의 과거형)

had [해드] 먹었다 (have의 과거형)

dinner [디너] 저녁식사

together [투게더] 함께

단어

불규칙 동사의 과거형

drove [드로우브] 운전했다 drive의 과거형

sang [쌩] 노래했다 sing의 과거형

read [레드] 읽었다 read의 과거형

met [멧] 만났다 meet의 과거형

slept [슬렙트] 잤다 sleep의 과거형

drank [드랭크] 마셨다 drink의 과거형

went [웬트] 갔다 go의 과거형

came [케임] 왔다 come의 과거형

sat [쌧] 앉았다 sit의 과거형

took [툭] 잡았다 take의 과거형

rode [로우드] 탔다 ride의 과거형

ate [에잇] 먹었다 eat의 과거형

과거에 한 행동 (2)

어떤 동사들은 과거형이 불규칙한 형태로 변하기도 합니다. 예를 들어 make[메이크: 만들다]는 made[메이드: 만들었다]로, do[두: 하다]는 did[디드: 했다]로, have[해브: 먹다]는 had[해드: 먹었다]로 바뀌는 것이죠.

불규칙하게 변하는 동사의 과거형을 좀 더 살펴볼까요? sang[쌩]은 sing[씽: 노래하다]의 과거형이라 sang a song[쌩 어 쏭]은 '노래를 불렀다'란 뜻이에요. went[웬트]는 go[고우: 가다]의 과거형이므로 went skiing[웬트 스키잉]은 '스키 타러 갔다'라는 뜻이 되죠. 한편 set[쎗: 차리다, 차렸다]처럼 현재형과 과거형의 형태가 똑같은 경우도 있어요. read도 현재형과 과거형의 형태가 같은 동사인데 현재형은 [리드], 과거형은 [레드]로 발음이 달라요. 그래서 '신문을 읽었다'는 read the newspaper[레드 더 누즈페이퍼]가 됩니다.

● 주어진 표현을 빈칸에 넣어 문장을 말해 보세요.

sang a song
[쌩 어 쏭]

I _____ .

나는 노래를 불렀어요.

read the newspaper
[레드 더 **누즈페이퍼**]

I _____ .

나는 신문을 읽었어요.

● 어제 했던 일을 불규칙 동사의 과거형을 사용해 말해 보세요.

I _____ yesterday.

▶ 가능한 표현들을 229쪽에서 확인해 보세요.

대화하기

당신은 어제 무엇을 했나요?

질문 **What did you do yesterday?**
왓   디드 유 두   예스터데이
당신은 어제 무엇을 했나요?

대답 **I met my friends.**
아이 멧 마이 프렌즈
나는 친구들을 만났어요.

What did you do yesterday?

과거에 무엇을 했는지 물어보려면 '무엇'이라는 뜻의 의문사 what[왓] 다음에 과거를 나타내는 조동사 did[디드]를 붙여 말을 시작합니다. 이때 did에서 과거를 나타냈기 때문에 주어인 you[유] 뒤에 오는 '~을 하다'라는 의미의 동사 do[두]는 반드시 원래 형태로 써야 합니다.

이때 문장 끝에 yesterday[예스터데이: 어제], last night[래스트 나잇: 어젯밤], last weekend[래스트 위켄드: 지난 주말에] 등 과거의 시간을 나타내는 표현을 추가해 물어볼 수도 있어요.

● 빈칸에 알맞은 말을 넣어 대화를 완성해 보세요.   ▶ 정답 215쪽

rode my bike

went skiing

Linda **What did you do yesterday?**
당신은 어제 무엇을 했나요?

Junho **I _____ .**
나는 자전거를 탔어요.

What did you do yesterday?
당신은 어제 무엇을 했나요?

Linda **I _____ .**
나는 스키 타러 갔어요.

문법 익히기

불규칙 동사, 과거 부정문

● 불규칙 동사

'~했다'라고 과거에 했던 일을 나타낼 때, 일반동사는 주로 뒤에 -ed를 붙여 과거형을 만든다고 15과에서 배웠습니다. 그런데 동사 중에는 이렇게 과거형을 만들지 않고 형태가 불규칙하게 바뀌는 게 많습니다. 이러한 **불규칙 동사** 중에는 come[컴]의 과거형 came[케임]처럼 형태가 비슷한 경우도 있지만 go[고우]의 과거형 went[웬트]처럼 완전히 형태가 다른 경우도 있으므로 따로 과거형을 암기해야 합니다.

● 과거 부정문

'~하지 않았다'라고 과거에 했던 일을 부정할 때에는 did not[디드 낫]의 줄임말인 **didn't**[디든트]를 동사원형 앞에 붙입니다. didn't 뒤에 나오는 동사는 과거형으로 쓰지 않고 원래 형태로 쓰는 점에 주의하세요. 조동사 did[디드]가 이미 과거 시제임을 나타내고 있기 때문에 뒤에 나오는 동사를 또 과거형으로 써서 두 번이나 과거라고 알려줄 필요는 없기 때문이죠.
현재형에서는 '~하지 않다'라고 부정할 때 3인칭 단수 주어는 don't[돈트] 대신 doesn't[더즌트]를 쓴다고 6과에서 배웠죠. 하지만 과거형에서는 주어에 상관 없이 모두 **didn't**를 쓰면 됩니다.

We had lunch together.
[위 해드 런치 투게더]
우리는 함께 점심을 먹었어요.

We didn't have lunch together.
[위 디든트 해브 런치 투게더]
우리는 함께 점심을 먹지 않았어요.

A 우리말 뜻과 영어 단어를 바르게 연결하세요.

(1) 만들었다 •   • ate

(2) 갔다 •   • made

(3) 운전했다 •   • came

(4) 왔다 •   • drove

(5) 먹었다 •   • went

B 우리말 해석에 맞게 괄호 안의 단어를 배열하세요.

(1) 나는 신문을 읽었어요. (newspaper / I / the / read)

→ _____

(2) 우리는 함께 저녁을 먹지 않았어요. (dinner / didn't / we / together / have)

→ _____

C 다음 문장을 완성하세요.

(1) 우리는 상을 차렸어요.

We _____ the table.

(2) 나는 노래했어요.

I _____ a _____.

(3) 나는 내 친구들을 만났어요.

I _____ my _____.

(4) 그녀는 어제 요리하지 않았어요.

She _____.

● 문장을 따라 쓰면서 연습해 보세요.

I made chicken soup.

Harim didn't cook.

She set the table.

We had dinner together.

What did you do yesterday?

I met my friends.

big sale 빅 세일

big[빅]은 '큰', sale[쎄일]은 '할인 판매'란 뜻입니다. big sale은 말 그대로 대대적으로 할인을 한다는 것을 나타내는 문구예요. 참고로 season-off[씨즌 오프]는 계절(season)이 바뀌면서 하는 세일을 말해요.

hot deal 핫 딜

인터넷 쇼핑을 하다 보면 hot deal[핫 딜]이란 표현을 많이 볼 수 있어요. '뜨거운'이란 뜻의 hot[핫]에는 '끝내주는, 대단한'이란 뜻도 있는데, '거래'란 뜻의 deal[딜]과 함께 쓰여 아주 저렴한 가격에 물건을 판매한다는 것을 나타내요.

outlet 아웃렛

outlet[아웃렛]은 저렴한 가격으로 제품을 판매하는 상점을 말합니다. 아웃렛에서 유명 브랜드나 디자이너 상품을 싸게 구매할 수 있죠. '밖으로'라는 뜻의 out[아웃]과 '~하게 하다'라는 뜻의 let[렛]이 합쳐진 말인데, 철 지난 제품을 저렴하게 밖으로 내보내는 이미지를 떠올리면 뜻을 이해하기 쉬울 거예요.

shopping bag 쇼핑 백

쇼핑한 후에 물건을 담는 종이봉투를 '쇼핑백'이라고 하죠? '장보기'를 뜻하는 shopping[샤핑]과 '가방'을 뜻하는 bag[백]이 합쳐진 말이에요. 참고로 '종이봉투'는 paper bag[페이퍼 백], '비닐봉투'는 plastic bag[플래스틱 백]이라고 해요.

영상 강의

⑰ I was cooking.
저는 요리하고 있었어요.

Yujin **I was cooking.**
아이 워즈 쿠킹

Junho was watching TV.
준호 워즈 워칭 티비

Harim and Sejun were studying.
하림 앤 세준 워 스터딩

We heard a siren at that moment.
위 허드 어 **싸**이런 앳 댓 **모**우먼트

말하기 공식

주어 + **was** + 동사-ing .
_____은 _____하고 있었다.

주어 + **were** + 동사-ing .
_____은 _____하고 있었다.

듣고 따라해 보세요.
17-1

유진 저는 요리하고 있었어요.

준호 씨는 티브이를 보고 있었
어요.

하림이와 세준이는 공부하고
있었어요.

바로 그때 우리는 사이렌 소리
를 들었어요.

단어

cook [쿡] 요리하다

watch [워치] 보다

study [스터디] 공부하다

heard [허드] 들었다
(hear의 과거형)

siren [싸이런] 사이렌, 경보기

moment [모우먼트] 순간

at that moment [앳 댓 모우먼트]
바로 그때

다양한 동작 표현

have breakfast [해브 브렉퍼스트] 아침을 먹다
have lunch [해브 런치] 점심을 먹다
have dinner [해브 디너] 저녁을 먹다
take a shower [테이크 어 샤우어] 샤워하다
answer the phone [앤써 더 포운] 전화를 받다
call *one's* **daughter** [콜 원즈 도터] 딸에게 전화하다

go home [고우 홈] 집에 가다
play soccer [플레이 싸커] 축구를 하다
carry a box [캐리 어 박스] 상자를 나르다
help *one's* **son** [헬프 원즈 썬] 아들을 돕다
cook dinner [쿡 디너] 저녁을 요리하다
knit a scarf [닛 어 스카프] 목도리를 뜨다

표현 배우기

과거에 하고 있었던 일

'~했다'라는 과거 동작을 나타낼 때는 동사의 과거형을 썼습니다. 그렇다면 과거에 하고 있었던 동작을 강조해 표현하려면 어떻게 해야 할까요? 이때는 be동사의 과거형인 was[워즈]나 were[워] 뒤에 동사-ing를 씁니다. '~하고 있는 중이었다, ~하고 있었다'라는 뜻이죠.

예를 들어 '나는 티브이를 봤다'라고 과거에 했던 일을 말할 때는 과거형 동사를 써서 I watched TV.[아이 워치트 티비]라고 합니다. 그런데 '나는 티브이를 보고 있었다'라고 과거에 진행 중이었던 행동을 말할 때는 I was watching TV.[아이 워즈 워칭 티비]라고 해요.

과거에 진행 중이었던 동작을 말할 때, 과거의 특정 시점을 나타내는 부사구와 같이 쓸 수도 있어요. 그러한 부사구로는 at that moment[앳 댓 모우먼트: 바로 그때], after dinner[애프터 디너: 저녁 식사 후에], at 7 p.m.[앳 쎄븐 피엠: 저녁 7시에] 등이 있어요.

● 주어진 표현을 빈칸에 넣어 문장을 말해 보세요.

carrying a box
[캐링 어 박스]

I was _____.
나는 상자를 나르고 있었어요.

calling my daughter
[콜링 마이 도터]

I was _____.
나는 내 딸에게 전화하고 있었어요.

● 어제 오후에 하고 있었던 일을 말해 보세요.

I was _____.

▶ 가능한 표현들을 230쪽에서 확인해 보세요.

내가 전화했을 때 뭐 하고 있었어요?

질문 **What were you doing when I called?**

왓　워　유　두잉　웬　아이 콜드

내가 전화했을 때 뭐 하고 있었어요?

대답 **I was playing soccer.**

아이 워즈　플레잉　싸커

저는 축구를 하고 있었어요.

What were you doing when I called?

상대방에게 특정한 과거 시점에 무엇을 하고 있었는지 물을 때는 What were you 뒤에 do[두]의 -ing형인 doing[두잉]을 넣어 물어봅니다. 한편 when[웬]은 '언제'라는 뜻 외에도 '~할 때'라는 뜻의 접속사로도 쓰여요. 그래서 when I called[웬 아이 콜드]는 '내가 전화했을 때'라는 뜻이 되죠. 이 질문에 대한 대답은 앞에서 배운 I was (동사-ing). 형태로 하면 됩니다.

● 빈칸에 알맞은 말을 넣어 대화를 완성해 보세요.

▶ 정답 216쪽

Harim **What were you doing when I called?**

내가 전화했을 때 뭐 하고 있었어?

Aarav **I was   .**

난 샤워를 하고 있었어.

What were you doing when I called?

내가 전화했을 때 뭐 하고 있었어?

Harim **I was   .**

난 저녁을 먹고 있었어.

taking a shower

having dinner

문법 익히기 과거 진행형

● **과거 진행형**

지금 진행 중인 동작을 표현할 때는 'am/is/are + 동사-ing' 형태의 현재 진행형을 씁니다. '~하고 있다', '~하는 중이다'라는 뜻이죠. 반면 지나간 과거에 진행 중이었던 동작은 'was/were + 동사-ing'의 **과거 진행형**으로 표현합니다. '~하고 있었다', '~하는 중이었다'라는 뜻이에요.

이때 주어에 따라 알맞은 be동사를 사용해야 합니다. am, is의 과거형은 was이고 are의 과거형은 were입니다. 따라서 주어의 인칭에 따라 과거 진행형은 아래 표와 같은 형태로 써요.

주어	과거 진행형
I [아이: 나는]	was + 동사-ing
He [히: 그는], She [쉬: 그녀는], It [잇: 그것은]	was + 동사-ing
You [유: 너는, 너희는] We [위: 우리는], They [데이: 그들은]	were + 동사-ing

동사에 -ing를 붙이는 법은 3과에서 배운 동명사 만드는 법과 같아요. dance[댄스]처럼 -e로 끝나는 동사는 e를 빼고 -ing를 붙이므로 dancing[댄싱]이 되고, swim[스윔]처럼 '모음 한 개 + 자음한 개'로 끝나는 동사는 뒤에 자음을 하나 더 쓰고 -ing를 붙이므로 swimming[스위밍]이 되지요.

I was swimming.
[아이 워즈 스위밍]
나는 수영하고 있었어요.

She was eating.
[쉬 워즈 이팅]
그녀는 먹고 있었어요.

They were dancing.
[데이 워 댄싱]
그들은 춤추고 있었어요.

A 영어 단어와 우리말 뜻을 바르게 연결하세요.

(1) moment •

(2) heard •

(3) call •

(4) study •

(5) watch •

• 공부하다

• 순간

• 들었다

• 보다

• 전화하다

B 우리말 해석에 맞게 괄호 안의 단어를 배열하세요.

(1) 나는 티브이를 보고 있었어요. (TV / watching / I / was)

→ _____

(2) 그녀는 요리하고 있었어요. (was / cooking / she)

→ _____

C 다음 문장을 완성하세요.

(1) 그들은 공부하고 있었어요.

They _____ studying.

(2) 나는 축구를 하고 있었어요.

I _____ _____ soccer.

(3) 그는 샤워를 하고 있었어요.

He _____ _____ a shower.

(4) 내가 전화했을 때 뭐하고 있었어요?

What _____ you _____ when I called?

● 문장을 따라 쓰면서 연습해 보세요.

I was cooking.

Junho was watching TV.

Harim and Sejun were studying.

We heard a siren at that moment.

What were you doing when I called?

I was playing soccer.

dinner show 디너 쇼

dinner[디너]는 '저녁식사', show[쇼우]는 '공연'을 뜻해요. 디너 쇼는 말 그대로 저녁을 먹으면서 보는 가수나 무용수의 공연을 말해요. 우리나라에서는 특히 연말이 되면 트로트 가수들의 디너 쇼가 많이 열리곤 하죠.

live concert 라이브 콘서트

live[리브]는 동사로는 '살다'라는 뜻이지만, 형용사로는 '실황의'라는 뜻이에요. 이때는 발음도 [라이브]로 달라요. concert[칸써트]는 '음악회, 연주회'란 뜻이죠. live concert는 실제로 악기를 연주하거나 노래하는 공연을 말합니다. 반대로 가수가 노래에 입술(lip)만 맞추는 것을 lip sync[립 씽크]라고 하죠.

gala concert 갈라 콘서트

gala[갤러]는 '축제, 경축 행사'란 뜻으로, 오페라에서 유명한 아리아들이나 뮤지컬에서 주요 곡들만 모아 공연하는 것을 gala concert[갤러 콘써트]라고 해요. gala show[갤러 쇼우]라고도 하죠.

rehearsal 리허설

rehearsal[리허썰]은 '예행 연습'이란 뜻입니다. 공연을 무대에 올리기 전에 실제처럼 연습해 보는 것을 말해요. 참고로 공연 의상까지 제대로 갖춰 입고 하는 리허설은 dress rehearsal[드레스 리허썰]이라고 하는데, dress[드레스]가 '옷'이란 뜻이에요.

18 It was cloudy yesterday.
어제는 날씨가 흐렸어요.

Julie

It is sunny today.
잇 이즈　　써니　　투데이

It is warm.
잇 이즈　　웜

It was cloudy yesterday.
잇　워즈　　클라우디　　예스터데이

It was cold.
잇　워즈　　코울드

말하기 공식

It is + 날씨 형용사 **.**　　　날씨가 ＿＿＿＿하다.

It was + 날씨 형용사 **.**　　　날씨가 ＿＿＿＿했다.

줄리　오늘은 날씨가 맑아요.

날씨가 따뜻해요.

어제는 날씨가 흐렸어요.

날씨가 추웠어요.

단어

sunny [**써**니] 맑은, 화창한

today [투**데**이] 오늘

warm [**웜**] 따뜻한

was [**워**즈] ~이었다
(am/is의 과거형)

cloudy [**클라**우디] 구름 낀, 흐린

yesterday [**예**스터데이] 어제

cold [**코**울드] 추운

형용사 hot[핫]은 '뜨거운',
cold[코울드]는 '차가운'이란
뜻도 가지고 있어요.

날씨와 기상

hot [핫] 더운

cool [쿨] 시원한

windy [윈디] 바람이 부는

foggy [포기] 안개가 낀

humid [휴미드] 습한

dry [드라이] 건조한

rain [레인] 비; 비가 오다

snow [스노우] 눈; 눈이 오다

storm [스톰] 폭풍

lightning [라이트닝] 번개

thunder [썬더] 천둥

shower [샤우어] 소나기

표현 배우기

날씨

날씨를 나타내는 형용사는 날씨 관련 명사에 -y를 붙인 형태가 많아요. 예를 들어 sun[썬: 태양]에 -y를 붙여 sunny[써니: 맑은], cloud[클라우드: 구름]에 -y를 붙여 cloudy[클라우디: 흐린], wind[윈드: 바람]에 -y를 붙여 windy[윈디: 바람이 부는], fog[포그: 안개]에 -y를 붙여 foggy[포기: 안개가 낀]가 되지요.

단, rain[레인: 비]에 -y를 붙인 rainy[레이니]와 snow[스노우: 눈]에 -y를 붙인 snowy[스노위]는 지금 날씨나 과거의 날씨를 말할 때는 잘 쓰지 않아요. 지금 비나 눈 오는 날씨를 말할 때는 'be동사 + 동사-ing'의 현재진행형을 써서 '비가 오고 있다'는 It is raining.[잇 이즈 레이닝], '눈이 오고 있다'는 It is snowing.[잇 이즈 스노잉]이라고 표현해요. 과거에 '비가 왔다'는 It rained.[잇 레인드], '눈이 왔다'는 It snowed.[잇 스노우드]처럼 과거형으로 표현할 수 있어요.

● 주어진 표현을 빈칸에 넣어 문장을 말해 보세요.

hot
[핫]

It was ＿＿＿＿＿ yesterday.
어제는 날씨가 더웠어요.

snowed
[스노우드]

It ＿＿＿＿＿ yesterday.
어제는 눈이 왔어요.

● 오늘과 어제 날씨를 말해 보세요.

It is ＿＿＿＿＿ today.

It (was) ＿＿＿＿＿ yesterday.

▶ 가능한 표현들을 230쪽에서 확인해 보세요.

대화하기

런던은 날씨가 어때요?

18-3

질문 **How's the weather in London?**
하우즈　더　웨더　인　런던
런던은 날씨가 어때요?

대답 **It is foggy.**
잇 이즈　포기
안개가 꼈어요.

How's the weather in ~?

weather[웨더]는 '날씨'라는 뜻입니다. 지금 날씨가 어떤지 물을 때에는 '어떤'이라는 뜻의 의문사 how[하우]를 써서 How is the weather?[하우 이즈 더 웨더]라고 물어봅니다. 이때 How is[하우 이즈]는 How's[하우즈]로 줄여서 말할 수도 있죠. 또는 What's the weather like?[와츠 더 웨더 라이크]라고 물어봐도 같은 의미가 됩니다. 문장 뒤에 'in + 도시 이름'을 넣으면 특정한 장소의 날씨를 물어볼 수 있어요.

● 빈칸에 알맞은 말을 넣어 대화를 완성해 보세요.

▶ 정답 217쪽

Junho **How's the weather in Seoul?**
서울은 날씨가 어때요?

Yujin **It is ＿＿＿＿＿＿.**
눈이 오고 있어요.

How's the weather in Jeju?
제주는 날씨가 어때요?

Junho **It is ＿＿＿＿＿＿.**
바람이 불어요.

18 어제는 날씨가 흐렸어요. **177**

날씨를 나타내는 주어 it

● **날씨를 나타내는 주어 it**

날씨를 말할 때는 시간과 날짜를 말할 때와 마찬가지로 **비인칭 주어 it**[잇]을 사용합니다. 이때도 '그것'이라는 뜻으로 해석하지 않아요. 지금 현재의 날씨는 It is[잇 이즈] 뒤에 날씨를 나타내는 형용사를 넣어 말합니다. 과거의 날씨는 It was[잇 워즈] 뒤에 날씨 형용사를 넣어 말하면 됩니다.

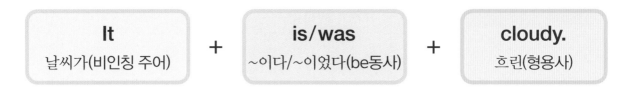

It
날씨가(비인칭 주어)

+

is/was
~이다/~이었다(be동사)

+

cloudy.
흐린(형용사)

한편 비와 눈이 내리는 날씨는 조금 다르게 표현해요. 진행형을 써서 It is/was raining.[잇 이즈/워즈 레이닝] / It is/was snowing.[잇 이즈/워즈 스노우잉]이라고 하면 그 당시 비와 눈이 내리고 있는/있었던 상황을 강조할 수 있어요. 참고로 rain[레인]과 snow[스노우]는 각각 '비가 오다', '눈이 오다'라는 뜻의 동사로도 쓰이므로 '비가 왔다', '눈이 왔다'는 과거형으로 It rained.[잇 레인드], It snowed.[잇 스노우드]라고 해요. 이렇게 과거형으로 쓰면 과거에 있었던 상황만을 단순히 표현할 수 있어요.

It was raining yesterday.
[잇 워즈 레이닝 예스터데이]
어제 비가 오고 있었어요.

It rained yesterday.
[잇 레인드 예스터데이]
어제 비가 왔어요.

A 우리말 뜻과 영어 단어를 바르게 연결하세요.

(1) 건조한 •   • warm

(2) 흐린 •   • cold

(3) 안개가 낀 •   • cloudy

(4) 추운 •   • foggy

(5) 따뜻한 •   • dry

B 우리말 해석에 맞게 괄호 안의 단어를 배열하세요.

(1) 오늘은 날씨가 맑아요. (sunny / it / today / is)

→ _____

(2) 어제는 바람이 불었어요. (was / yesterday / it / windy)

→ _____

C 다음 문장을 완성하세요.

(1) 오늘은 날씨가 더워요.

It is _____ today.

(2) 어제는 비가 왔어요.

It _____ _____.

(3) 어제는 날씨가 흐렸어요.

It _____ _____ yesterday.

(4) 서울은 날씨가 어때요?

_____ the _____ in Seoul?

● 문장을 따라 쓰면서 연습해 보세요.

It is sunny today.

It is warm.

It was cloudy yesterday.

It was cold.

How's the weather in London?

It is foggy.

생활 속 영어 익히기 | 요리 |

recipe 레시피

recipe[레써피]는 '요리법'이란 뜻인데, 원래는 '의사의 처방전'을 뜻하는 프랑스어에서 온 단어입니다. 요리의 재료와 도구, 만드는 방법을 알려 주는 지시 사항을 말해요. 요리법이 담겨 있는 '요리책'은 recipe book[레써피 북]이라고 하죠.

chef 셰프

chef[셰프]는 '주방장'이란 뜻인데, 특히 호텔이나 레스토랑의 전문 조리사를 가리키는 단어입니다. 원래는 '대표'란 뜻의 프랑스어에서 나온 말이에요. 그냥 '요리사, 요리하는 사람'은 cook[쿡]이라고 하죠.

home baking 홈 베이킹

가정에서 직접 쿠키나 빵, 파이, 케이크 등을 오븐으로 구워 요리하는 것을 말해요. home[호움]은 '가정, 집'이란 뜻이고, baking[베이킹]은 '빵 굽기'란 뜻이에요. '(빵, 과자를) 굽다'라는 뜻의 동사 bake[베이크]에 -ing를 붙인 형태예요.

mixing bowl 믹싱 볼

mixing[믹씽]은 '섞는'이란 뜻이고 bowl[보울]은 '(속이 깊은) 그릇'을 뜻해요. 말 그대로 요리 재료를 섞을 때 쓸 수 있는 그릇이에요. 참고로 샐러드를 담는 그릇은 salad bowl[쌜러드 보울], 시리얼을 담는 그릇은 cereal bowl[씨어리얼 보울]이라고 해요.

19 I will be a teacher.
저는 교사가 될 거예요.

Sejun **I will be a teacher.**
아이 월 비 어 **티**처

I will teach students.
아이 월 **티**치 **스투**던츠

Harim **I will be a doctor.**
아이 월 비 어 **닥**터

I will help sick people.
아이 월 **헬**프 **씩** 피플

말하기 공식

I will be a/an + 명사 **.**   나는 _____이 될 것이다.

I will + 동사 **.**   나는 _____할 것이다.

세준   저는 교사가 될 거예요.

전 학생들을 가르칠 거예요.

하림   저는 의사가 될 거예요.

전 아픈 사람들을 도울 거예요.

단어

will [월] ~할 것이다

be [비] ~이 되다

teacher [티처] 교사

teach [티치] 가르치다

student [스투던트] 학생

doctor [닥터] 의사

help [헬프] 돕다

sick [씩] 아픈

people [피플] 사람들

직업과 하는 일

musician [뮤지션] 음악가

chef [셰프] 요리사

pilot [파일럿] 조종사, 비행사

writer [라이터] 작가

hairdresser [헤어드레써] 미용사

artist [아티스트] 예술가, 화가

play the guitar [플레이 더 기타] 기타를 연주하다

cook food [쿡 푸드] 음식을 요리하다

fly airplanes [플라이 에어플레인즈] 비행기를 조종하다

write books [라이트 북스] 책을 쓰다

cut hair [컷 헤어] 머리를 자르다

paint pictures [페인트 픽처즈] 그림을 그리다

미래에 할 일

will[윌]은 미래의 일을 말할 때 사용합니다. 말하는 사람의 의지를 나타내는 표현이에요. I will be a/an[아이 윌 비 어/언] 뒤에 직업을 넣으면 '난 ~이 될 거예요'란 뜻으로 내 장래 희망을 말할 수 있어요. 또한 I will[아이 윌] 뒤에 활동을 나타내는 동사를 넣으면 '나는 ~할 것이다'란 뜻으로 내가 미래에 의지를 갖고 할 활동을 말할 수 있죠. 예를 들어 '프랑스어를 배우다'라는 뜻의 learn French[런 프렌치], '피아노를 연습하다'라는 뜻의 practice the piano[프래틱스 더 피애노우], '콘서트에 가다'라는 뜻의 go to the concert[고우 투 더 콘서트] 같은 표현을 넣어서 미래에 할 일을 말할 수 있어요.

● 주어진 표현을 빈칸에 넣어 문장을 말해 보세요.

chef
[셰프]

I will be a _____.
나는 요리사가 될 거예요.

cook food
[쿡 푸드]

I will _____.
나는 음식을 요리할 거예요.

● 내가 미래에 되려는 직업과 할 일을 말해 보세요.

I will be a/an _____.

I will _____.

▶ 가능한 표현들을 231쪽에서 확인해 보세요.

대화하기

오늘 저녁에 우리와 함께 저녁식사 하실래요?

질문 **Will you join us for dinner tonight?**
월 유 조인 어스 포 디너 투나잇
오늘 저녁에 우리와 함께 저녁식사 하실래요?

대답 **Of course.**
오브 코스
물론이죠.

Will you join us for dinner tonight?

상대방에게 어떤 일을 하겠냐고 제안할 때 Will you (동사)?로 물어볼 수 있어요. 미래에 대한 상대방의 의지를 묻는 것이므로 will을 사용하는 것이죠. join[조인]은 '함께하다'라는 뜻인데, 'join + 사람 + for dinner'의 형태로 쓰면 '~와 저녁식사를 함께하다'라는 뜻이 됩니다.

대답은 긍정의 경우, Sure.[슈어], Of course.[오브 코스], Why not?[와이 낫]으로 할 수 있고, 부정의 경우에는 '미안하지만 안 돼요'란 뜻의 Sorry. I can't.[쏘리 아이 캔트]로 답할 수 있어요.

● 빈칸에 알맞은 말을 넣어 대화를 완성해 보세요.   ▶ 정답 218쪽

Junho **Will you ＿＿＿＿＿ tonight?**
오늘 밤에 콘서트에 갈래요?

Yujin **Sorry. I can't. I have other plans.**
미안하지만 안 돼요. 난 다른 계획이 있어요.

Will you ＿＿＿＿＿ tomorrow?
내일 콘서트에 갈래요?

Junho **Sure.**
물론이죠.

go to the concert

will, will의 부정문과 의문문

● 미래를 나타내는 will

앞으로의 일을 나타낼 때, 확실하게 정해진 일이 아닌 것을 말할 때는 **will**[윌]을 씁니다. will은 동사에 뜻을 더해 주는 조동사인데, 조동사 뒤에는 동사원형이 와요. 따라서 '난 ~할 것이다'라고 할 때는 I will[아이 윌] 뒤에 동사원형을 쓰죠. '난 ~이 될 것이다'라고 할 때도 be동사의 원형인 be[비]가 옵니다. 말하는 사람의 의지를 나타내므로 I will be[아이 윌 비] 뒤에 직업을 나타내는 명사를 넣으면 내 장래 희망에 대해 말할 수 있어요. 예를 들어 I will be a teacher.[아이 윌 비 어 티처]는 내가 선생님이 되고자 하는 의지를 표현하는 문장이에요.

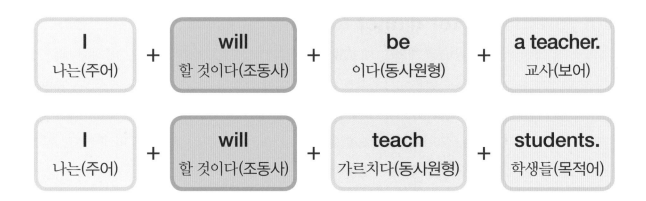

● will의 부정문과 의문문

조동사의 부정문을 만들 때는 조동사 바로 뒤에 not[낫]을 붙여요. 따라서 will이 쓰인 문장을 부정문으로 만들면 '주어 + will + not + 동사'의 형태가 돼요. 예를 들어 '나는 파리에 가지 않을 거예요'는 I will not go to Paris.[아이 윌 낫 고우 투 패리스]라고 하죠. will not[윌 낫]은 간단히 줄여서 won't[워운트]라고 말할 수도 있어요.

그럼 will의 의문문은 어떻게 만들까요? 조동사의 의문문은 조동사를 주어 앞으로 옮기면 됩니다. 그래서 'Will + 주어 + 동사 ~?'의 형태가 되죠. 그래서 '당신은 파리에 갈 건가요?'는 Will you go to Paris?[윌 유 고우 투 패리스]라고 해요.

▶ 정답과 자세한 해설은 218쪽에 있습니다.

A 우리말 뜻과 영어 단어를 바르게 연결하세요.

(1) 돕다 •   • chef

(2) 함께하다 •   • doctor

(3) 의사 •   • join

(4) 요리사 •   • sick

(5) 아픈 •   • help

B 우리말 해석에 맞게 괄호 안의 단어를 배열하세요.

(1) 나는 교사가 될 거예요. (be / teacher / will / a / I)

   → _____

(2) 나는 콘서트에 갈 거예요. (to / I / go / concert / will / the)

   → _____

C 다음 문장을 완성하세요.

(1) 나는 작가가 될 거예요.

   I will _____ a writer.

(2) 나는 학생들을 가르칠 거예요.

   I _____ _____ students.

(3) 나는 음식을 요리할 거예요.

   I _____ _____ food.

(4) 오늘 저녁에 우리와 함께 저녁식사 하실래요?

   _____ you _____ us for dinner tonight?

● 문장을 따라 쓰면서 연습해 보세요.

I will be a teacher.

I will teach students.

I will be a doctor.

I will help sick people.

Will you join us for dinner tonight?

Of course.

Wi-Fi 와이파이

무선 기술인 Wi-Fi는 wireless fidelity[와이어리스 피델리티]의 약자입니다. wireless는 '무선의', fidelity는 '정확도, 충실도'란 뜻이에요. 실제로는 마케팅 회사에서 만든 용어일 뿐 큰 뜻은 없다고 합니다. 참고로 '와이파이 비밀번호'는 Wi-Fi password[와이파이 패스워드]라고 하죠.

Bluetooth 블루투스

사진, 음악 등의 파일을 컴퓨터나 이어폰 같은 다른 기기로 전송하는 무선 전송 기술을 말해요. Bluetooth[블루투씨]는 직역하면 '파란 이'란 뜻인데, 10세기에 헤럴드 블루투스란 사람이 스칸디나비아 반도를 통일한 것처럼, 하나의 무선통신 규격으로 통일한다고 하여 붙여진 이름이라고 합니다.

application 애플리케이션

application은 '사용, 응용'이란 뜻인데 '응용프로그램'이라는 뜻으로도 쓰입니다. 스마트폰에서 쇼핑, 게임, 금액 결제 등 특정한 일을 수행하기 위해 고안된 프로그램을 말해요. 간단하게 줄여서 app[앱]이라고도 해요. 영어에서는 '어플'이라고 줄여 쓰지 않으니 주의하세요.

mobile banking 모바일 뱅킹

스마트폰을 통해 이루어지는 금융 서비스를 말합니다. mobile[모바일]은 '이동하는'이란 뜻이 있는데, '휴대전화'를 영국에서는 mobile phone[모바일 포운: 이동전화]라고도 불러요. 한편 bank[뱅크]는 '은행'이고, banking[뱅킹]은 '은행 업무'를 뜻해요.

20 I'm going to buy a scarf.
저는 스카프를 살 예정이에요.

Yujin **I'm going to go shopping tomorrow.**
아임 　고잉 　투 　고우 　샤핑 　투모로우

I'm going to buy a scarf.
아임 　고잉 　투 　바이 　어 　스카프

Kevin **I'm going to visit my son tomorrow.**
아임 　고잉 　투 　비짓 　마이 　썬 　투모로우

I'm going to meet my grandson.
아임 　고잉 　투 　미트 　마이 　그랜썬

말하기 공식

I'm going to + 동사 **.** 　나는 _____할 예정이다.

듣고 따라해 보세요.
20-1

유진	저는 내일 쇼핑하러 갈 예정이에요.
	저는 스카프를 살 예정이에요.
케빈	저는 내일 아들을 방문할 예정이에요.
	저는 손자를 만날 예정이에요.

단어

be going to [비 **고**잉 투]
~할 예정이다

go shopping [**고우 샤**핑]
쇼핑하러 가다

tomorrow [**투모**로우] 내일

buy [**바**이] 사다, 구입하다

scarf [**스카프**] 스카프, 목도리

visit [**비짓**] 방문하다

son [**썬**] 아들

meet [**미트**] 만나다

grandson [**그랜썬**] 손자

다양한 활동

do yoga [두 **요우**가] 요가를 하다
see a play [씨 어 플레이] 연극을 보다
see a movie [씨 어 무비] 영화를 보다
go abroad [고우 어브로드] 외국에 가다
go camping [고우 캠핑] 캠핑 가다
play tennis [플레이 테니스] 테니스를 치다

visit the museum [비짓 더 **뮤지**엄] 박물관에 가다
have a picnic [해브 어 **피크**닉] 소풍을 가다
go to church [고우 투 **처**치] 교회에 가다
go to Canada [고우 투 **캐**나다] 캐나다에 가다
get some rest [겟 썸 레스트] 휴식을 취하다
take the bus [테이크 더 버스] 버스를 타다

미래 시간 표현

be going to[비 고잉 투]는 이미 계획된 일, 즉 미래에 예정된 일을 말할 때 쓰는 표현입니다. '내가 예정되어 있는 어떤 활동을 할 것이다'라고 할 때 I'm going to[아임 고잉 투] 뒤에 활동을 나타내는 동사를 넣어 말합니다. 언제 할 것인지 구체적으로 말하고 싶으면 문장 끝에 적절한 미래를 나타내는 시간 표현을 붙이면 돼요. '내일'은 tomorrow[투모로우]인데, the day after tomorrow[더 데이 애프터 투모로우]는 '내일 다음 날'이므로 '모레'라는 의미가 되죠. after[애프터]는 '~후에'라는 뜻이라 '사흘 후에'는 after three days[애프터 쓰리 데이즈]라고 해요.

표현	뜻	표현	뜻
tonight [투나잇]	오늘 밤에	next month [넥스트 먼쓰]	다음 달에
tomorrow [투모로우]	내일	next year [넥스트 이어]	내년에
the day after tomorrow [더 데이 애프터 투모로우]	모레	this/next weekend [디스/넥스트 위켄드]	이번 주말에/ 다음 주말에

● 주어진 표현을 빈칸에 넣어 문장을 말해 보세요.

next weekend
[넥스트 위켄드]

the day after tomorrow
[더 데이 애프터 투모로우]

I'm going to go abroad _____.
나는 다음 주말에 외국에 갈 예정이에요.

I'm going to play tennis _____.
나는 모레 테니스 칠 예정이에요.

● 미래 시간 표현을 넣어 미래에 하려고 계획한 활동을 말해 보세요.

I'm going to _____.

▶ 가능한 표현들을 231쪽에서 확인해 보세요.

내일 무엇을 할 예정인가요?

질문 **What are you going to do tomorrow?**
왓 아 유 고잉 투 두 투모로우
내일 무엇을 할 예정인가요?

대답 **I'm going to have a picnic.**
아임 고잉 투 해브 어 피크닉
나는 소풍 갈 예정이에요.

What are you going to do tomorrow?

상대방에게 미래에 잡혀 있는 계획에 대해 물을 때에는 What are you going to do?[왓 아 유 고 잉 투 두]라고 말해요. 문장 뒤에 tomorrow[투모로우: 내일]처럼 구체적인 미래의 시간을 나타내는 표현을 넣어 말할 수 있어요.

이 질문에 대한 대답은 앞에서 배운 것처럼 I'm going to (동사).로 말하면 됩니다.

● 빈칸에 알맞은 말을 넣어 대화를 완성해 보세요.

▶ 정답 219쪽

Linda **What are you going to do tomorrow?**
내일 무엇을 할 예정인가요?

Junho **I'm going to   .**
저는 연극을 볼 예정이에요.

How about you?
당신은요?

Linda **I'm going to   .**
저는 박물관에 갈 예정이에요.

see a play

visit the museum

문법 익히기

be going to의 형태

● be going to의 형태

영어에서 미래를 나타내는 표현은 두 개가 있습니다. 첫 번째는 19과에서 배웠던 will[윌]이고, 두 번째는 be going to[비 고잉 투]입니다. will은 예정된 계획이 없는 불확실한 미래, 말하는 사람의 의지를 표현할 때 사용하지만, **be going to**는 미리 계획을 해 놓아서 예정되어 있는 확실한 미래를 나타낼 때 씁니다. be going to는 주어에 따라 be동사의 형태를 am / is / are로 다르게 써야 하므로 주의하세요. 예를 들어 주어가 I일 때는 be동사 am을 쓰므로 I am going to[아이 앰 고잉 투]의 형태가 되는데, 주로 I'm going to[아임 고잉 투]로 줄여서 말하죠.

주어	be going to의 형태
I [아이: 나는]	am going to
He [히: 그는], She [쉬: 그녀는]	is going to
You [유: 너는, 너희들은], We [위: 우리는], They [데이: 그들은]	are going to

be going to가 들어간 문장을 의문문으로 바꿀 때는 be동사를 주어 앞으로 이동시키면 됩니다. 따라서 Are you going to[아 유 고잉 투] + 동사?의 형태가 되죠. 한편 '~하지 않을 예정이다'라고 부정문을 만들 때에는 be동사 뒤에 not[낫]만 붙여 주면 됩니다.

Are you going to **do yoga?**

[아 유 **고잉 투** 두 **요우가**]

당신은 요가를 할 예정인가요?

I'm not going to **work today.**

[**아임** 낫 **고잉 투 워크** 투데이]

난 오늘 일하지 않을 예정이에요.

A 우리말 뜻과 영어 단어를 바르게 연결하세요.

(1) 방문하다 •   • buy

(2) 사다 •   • meet

(3) 만나다 •   • grandson

(4) 내일 •   • visit

(5) 손자 •   • tomorrow

B 우리말 해석에 맞게 괄호 안의 단어를 배열하세요.

(1) 나는 오늘 밤에 내 아들을 만날 예정이에요.

(going / son / my / to / I'm / tonight / meet)

→ _____

(2) 내일 무엇을 할 예정인가요?

(you / tomorrow / what / to / are / do / going)

→ _____

C 다음 문장을 완성하세요.

(1) 나는 연극을 볼 예정이에요.

I'm _____ to _____ a play.

(2) 그는 쇼핑하러 갈 예정이에요.

He _____ to go _____.

(3) 전 내일 일하지 않을 예정이에요.

I'm _____ to work _____.

● 문장을 따라 쓰면서 연습해 보세요.

I'm going to go shopping tomorrow.

I'm going to buy a scarf.

I'm going to visit my son tomorrow.

I'm going to meet my grandson.

What are you going to do tomorrow?

I'm going to have a picnic.

silent mode 사일런트 모드

영화관이나 공연장에 가면 스마트폰을 무음 모드로 설정해 두죠? '무음 모드'를 silent mode[싸일런트 모우드]라고 하는데, silent[싸일런트]는 '조용한'이란 뜻이고 mode[모우드]는 '방식'이란 뜻이랍니다. 참고로 휴대폰의 '진동 모드'는 vibrate mode[바이브레이트 모우드]라고 해요.

missed call 미스트 콜

동사 miss[미스]는 '놓치다'란 뜻이고 missed[미스트]는 '놓친'이란 뜻이에요. 그래서 내가 놓친 전화, 즉 '부재중 전화'를 missed call[미스트 콜]이라고 하죠. 부재중 전화 두 통이면 two missed calls[투 미스트 콜즈]라고 표현해요.

QR code scan 큐알 코드 스캔

QR code[큐알 코우드]는 quick response code[퀵 리스판스 코우드]의 약자입니다. quick은 '빠른', response는 '응답'이란 뜻이죠. scan[스캔]은 사진이나 그림 등을 스캐너(scanner)로 읽어 들이는 일을 뜻해요. QR code를 스마트폰 카메라로 스캔하면 파일 다운로드나 금액 결제 같은 다양한 기능을 사용할 수 있어요.

download 다운로드

스마트폰에서 앱이나 사진, 음악, 파일 등을 전송받는 것을 download[다운로드]라고 해요. '아래로'란 뜻의 down[다운]과 '짐을 싣다'란 뜻의 load[로드]가 합쳐져 '내려받다'란 뜻으로 써요. 반대로 인터넷에 파일을 올리는 일은 upload[업로드]라고 합니다.

정답 및 해설

앞에서 공부한 '대화하기'와 '확인하기'의 정답을 확인해 보세요.
어려운 문제에는 자세한 해설이 나와 있으니 잘 읽고 해당 부분을 복습해 보세요.

대화하기 ▶ 본문 031쪽

Harim Are you scared? 넌 무섭니?

Aarav Yes, I'm so scared . 응, 나는 아주 무서워.

 Are you scared, too? 너도 무섭니?

Harim No, I'm so excited ! 아니, 난 아주 신나!

확인하기 ▶ 본문 033쪽

A

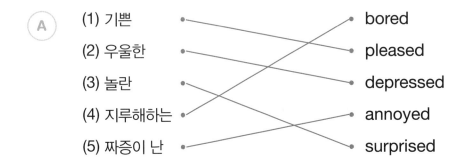

(1) 기쁜 .... bored
(2) 우울한 .... pleased
(3) 놀란 .... depressed
(4) 지루해하는 .... annoyed
(5) 짜증이 난 .... surprised

B (1) 나는 아주 감명받았어요. → I'm so impressed.

 (2) 나는 그다지 무섭지 않아요. → I'm not so scared.

 |해설| (2) be동사가 들어간 문장을 부정문으로 만들 때는 be동사 뒤에 not을 붙입니다.

C (1) 나는 아주 걱정돼요. I'm so worried.

 (2) 나는 아주 충격을 받았어요. I'm so shocked.

 (3) 당신은 피곤한가요? Are you tired?

 (4) 나는 그다지 신나지 않아요. I'm not so excited.

 |해설| (3) be동사가 들어간 문장의 의문문은 be동사 are가 주어 you 앞으로 나옵니다.

대화하기 ▶본문 039쪽

Yujin   You look terrible. What's wrong? 안색이 안 좋아 보여요. 어디 아파요?

Junho   I have a stomachache . 나는 배가 아파요.

You also look terrible. What's wrong?

당신도 안색이 안 좋아 보여요. 어디 아파요?

Yujin   I have a fever . 나는 열이 있어요.

확인하기 ▶본문 041쪽

A

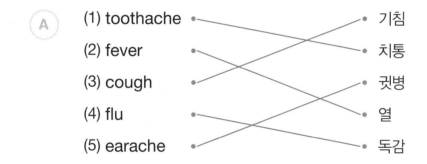

(1) toothache   기침

(2) fever   치통

(3) cough   귓병

(4) flu   열

(5) earache   독감

B

(1) 나는 콧물이 나와요. → I have a runny nose.

(2) 나는 배가 아프지 않아요. → I don't have a stomachache.

|해설| 내가 가지고 있는 질병에 대해 말할 때는 동사 have(가지고 있다)를 활용해 I have a/an + 질병.으로 말합니다. 아프지 않다고 할 때는 일반동사의 부정문을 만들 때 쓰는 don't를 have 앞에 붙입니다.

C

(1) 나는 머리가 아파요.   I have a headache.

(2) 나는 감기에 걸렸어요.   I have a cold.

(3) 나는 허리가 아파요.   I have a backache.

(4) 나는 열이 나지 않아요.   I don't have a fever.

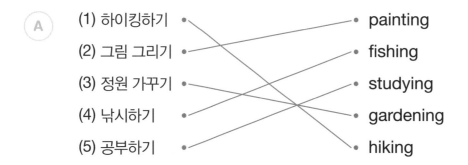

03 I like cooking. 저는 요리하는 것을 좋아해요.

대화하기 ▶본문 047쪽

Kevin   Do you have any hobbies? 당신은 취미를 갖고 있나요?

Julie   Yes, I like listening to music . 네, 저는 음악 듣기를 좋아해요.

         Do you have any hobbies? 당신은 취미를 갖고 있나요?

Kevin   Yes, I like reading books . 네, 저는 책 읽기를 좋아해요.

확인하기 ▶본문 049쪽

Ⓐ
(1) 하이킹하기 •   • painting

(2) 그림 그리기 •   • fishing

(3) 정원 가꾸기 •   • studying

(4) 낚시하기 •   • gardening

(5) 공부하기 •   • hiking

Ⓑ
(1) 나는 조깅하는 것을 좋아해요.   I like jogging.

(2) 나는 운동하는 것을 좋아해요.   I like exercising.

|해설| like 뒤에는 동사에 -ing를 붙인 형태의 동명사가 와야 합니다. (1)의 jog처럼 '모음 하나 + 자음 하나'로 끝나는 동사는 자음을 하나 더 붙이고 -ing를 붙입니다. 한편 (2)의 exercise처럼 -e로 끝나는 동사는 e를 빼고 -ing를 붙입니다.

Ⓒ
(1) 나는 노래하는 것을 좋아하지 않아요.   I don't like singing.

(2) 나는 음악 듣는 것을 좋아해요.   I like listening to music.

(3) 나는 영화 보는 것을 좋아해요.   I like watching movies.

(4) 나는 책 읽기를 좋아해요.   I like reading books.

|해설| (1) '나는 ~하는 것을 좋아하지 않는다'라고 부정문으로 말할 때는 동사 like 앞에 don't를 붙입니다.

대화하기 ▶ 본문 055쪽

Harim　**What do you want to do today?** 오늘 뭐 하고 싶어?

Aarav　**I want to watch a movie .** 난 영화를 보고 싶어.

　　　　What do you want to do? 넌 뭐 하고 싶은데?

Harim　**I want to go driving .** 나는 드라이브를 가고 싶어.

확인하기 ▶ 본문 057쪽

Ⓐ

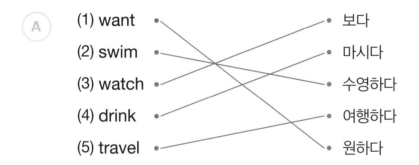

(1) want ●　　　　　　　● 보다

(2) swim ●　　　　　　　● 마시다

(3) watch ●　　　　　　　● 수영하다

(4) drink ●　　　　　　　● 여행하다

(5) travel ●　　　　　　　● 원하다

Ⓑ

(1) <u>O</u> I want to go driving. 나는 드라이브를 가고 싶어요.

(2) <u>X</u> I want go to bed. 나는 잠자리에 들고 싶어요.

(3) <u>O</u> I don't want to cook. 나는 요리하고 싶지 않아요.

|해설| '~하고 싶다'라고 할 때 want(원하다) 뒤에는 동사원형이 아니라 'to + 동사'를 씁니다. 따라서 (2)는 I want to go to bed.라고 고쳐야 맞는 표현이 됩니다.

Ⓒ

(1) 나는 잠을 자고 싶어요.　I <u>want</u> to sleep.

(2) 나는 유튜브를 보고 싶어요.　I want <u>to watch</u> YouTube.

(3) 나는 스케이트를 타고 싶지 않아요.　I <u>don't</u> want <u>to skate</u>.

(4) 나는 수영하러 가고 싶어요.　I <u>want to</u> go <u>swimming</u>.

|해설| (3) '~하고 싶지 않다'라고 할 때는 'don't want to + 동사'의 형태로 말합니다.

05 I have to get up early. 저는 일찍 일어나야 해요.

대화하기 ▶본문 063쪽

Aarav　What do you have to do tomorrow? 당신은 내일 무엇을 해야 하나요?

Yujin　I have to clean the bathroom . 저는 화장실을 청소해야 해요.

　　　　What do you have to do tomorrow? 당신은 내일 무엇을 해야 하나요?

Aarav　I have to wash my car . 저는 세차해야 해요.

확인하기 ▶본문 065쪽

A
(1) 청소하다 clean
(2) 오늘 today
(3) 일찍 early
(4) 일하다 work
(5) 수리하다 fix
(6) 집 house

B
(1) X I have iron my clothes. 나는 옷을 다리미질해야 해요.

(2) X I have to not get up early. 나는 일찍 안 일어나도 돼요.

(3) O I have to do the laundry. 나는 빨래를 해야 해요.

> |해설| (1) '~해야 한다'라고 할 때에는 have to 뒤에 동사원형을 쓰므로 I have to iron my clothes.라고 써야 합니다. (2) 부정문을 만들 때는 have 앞에 don't를 붙이므로 I don't have to get up early. 라고 써야 맞는 문장이 됩니다.

C
(1) 나는 세차해야 해요.　I have to wash my car.

(2) 나는 바닥을 걸레질해야 해요.　I have to mop the floor.

(3) 나는 화장실을 청소해야 해요.　I have to clean the bathroom.

(4) 나는 설거지를 안 해도 돼요.　I don't have to wash the dishes.

06 She has long hair. 그녀는 긴 머리를 갖고 있어요.

▶ 본문 073쪽

대화하기

Junho   Does Aarav have black hair ? 아라브는 검은색 머리를 갖고 있니?

Harim   Yes, he does. 네, 그래요.

Junho   Does he have curly hair ? 그는 곱슬 머리를 갖고 있니?

Harim   No, he doesn't. 아니요, 그렇지 않아요.

확인하기 ▶ 본문 075쪽

A

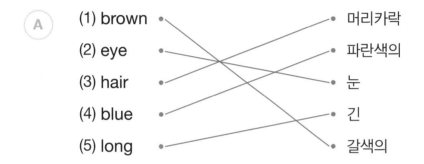

(1) brown — 갈색의

(2) eye — 눈

(3) hair — 머리카락

(4) blue — 파란색의

(5) long — 긴

B

(1) 그녀는 짧은 머리를 갖고 있어요. → She has short hair.

(2) 그는 파란색 눈을 갖고 있지 않아요. → He doesn't have blue eyes.

|해설| 다른 사람의 외모를 나타낼 때에는 '사람 + has + 형용사 + 명사' 형태로 표현합니다. 부정문을 만들 때에는 doesn't have 뒤에 외모를 나타내는 '형용사 + 명사' 표현을 씁니다.

C

(1) 그는 곱슬 머리를 갖고 있어요. He has curly hair.

(2) 그녀는 빨간 입술을 갖고 있어요. She has red lips.

(3) 그는 검은색 머리를 갖고 있지 않아요. He doesn't have black hair.

(4) 그녀는 갈색 눈을 갖고 있어요. She has brown eyes.

Yujin cooks every day. 유진 씨는 매일 요리를 해요.

대화하기 ▶ 본문 081쪽

Kevin   What does Harim do on Sundays? 하림이는 일요일마다 무엇을 하나요?

Yujin   She meets her friends on Sundays. 그 애는 일요일마다 친구들을 만나요.

Kevin   What does Sejun do on Sundays? 세준이는 일요일마다 무엇을 하나요?

Yujin   He plays computer games on Sundays.

그 애는 일요일마다 컴퓨터 게임을 해요.

확인하기 ▶ 본문 083쪽

Ⓐ

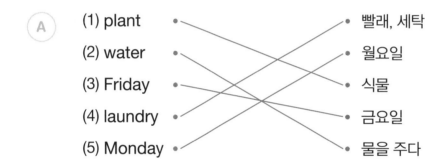

(1) plant   빨래, 세탁

(2) water   월요일

(3) Friday   식물

(4) laundry   금요일

(5) Monday   물을 주다

Ⓑ

(1) He (meet / meets) his friends on Sundays.

그는 일요일마다 친구들을 만나요.

(2) She (don't / doesn't) cook every day.

그녀는 매일 요리하지는 않아요.

|해설| he는 3인칭 단수이므로 동사 meet에 s를 붙여 meets라고 써야 합니다. she도 3인칭 단수이기 때문에 부정문을 만들 때는 does not의 줄임말인 doesn't를 동사 cook 앞에 씁니다.

Ⓒ

(1) 그는 금요일마다 쿠키를 만들어요.   He makes cookies on Fridays.

(2) 그녀는 토요일마다 빨래를 해요.   She does the laundry on Saturdays.

(3) 그는 수요일에는 일하지 않아요.   He doesn't work on Wednesdays.

(4) 그녀는 일요일마다 요가 수업을 들어요.

She takes yoga lessons on Sundays.

My phone is bigger than yours. 내 전화기는 당신 것보다 더 커요.

대화하기 ▶ 본문 089쪽

Julie Which one is thicker ? 어느 것이 더 두껍나요?

Clerk The red skirt is thicker than the blue one.
빨간 치마가 파란 치마보다 더 두꺼워요.

Julie Which one is cheaper ? 어느 것이 더 저렴한가요?

Clerk The blue skirt is cheaper than the red one.
파란 치마가 빨간 치마보다 더 저렴해요.

확인하기 ▶ 본문 091쪽

Ⓐ

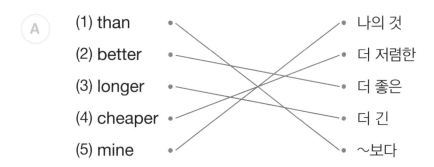

(1) than   나의 것
(2) better   더 저렴한
(3) longer   더 좋은
(4) cheaper   더 긴
(5) mine   ~보다

Ⓑ (1) 내 전화기가 당신 것보다 더 낡았어요. → My phone is older than yours.

(2) 당신의 책이 내 것보다 더 얇아요. → Your book is thinner than mine.

|해설| '~가 ~보다 더 ~하다'라고 두 개의 사물을 서로 비교할 때에는 '사물 + is + 형용사의 비교급 + than + 비교 대상'으로 표현합니다. '당신의 것'은 yours, '나의 것'은 mine입니다.

Ⓒ (1) 펜이 연필보다 더 가벼워요. The pen is lighter than the pencil.

(2) 내 전화기는 당신 것보다 더 커요. My phone is bigger than yours.

(3) 당신의 전화기가 내 것보다 더 무거워요.
Your phone is heavier than mine.

대화하기 ▶본문 097쪽

Kevin   Which one is the heaviest of all? 어떤 것이 모든 것 중에서 가장 무거운가요?

Clerk   This is the heaviest laptop. 이것이 가장 무거운 노트북이에요.

Kevin   Which one is the lightest of all? 어떤 것이 모든 것 중에서 가장 가볍나요?

Clerk   This is the lightest laptop. 이것이 가장 가벼운 노트북이에요.

확인하기 ▶본문 099쪽

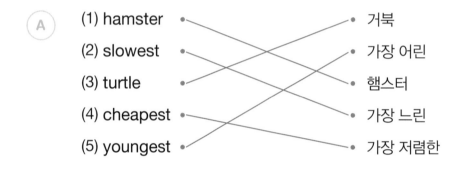

A
(1) hamster — 거북
(2) slowest — 가장 어린
(3) turtle — 햄스터
(4) cheapest — 가장 느린
(5) youngest — 가장 저렴한

B
(1) wide (폭이 넓은) → wider → widest
(2) big (큰) → bigger → biggest
(3) heavy (무거운) → heavier → heaviest

|해설| 비교급은 -er, 최상급은 -est를 형용사 뒤에 붙여서 만듭니다. (1) e로 끝나는 단어는 -r, -st만 붙입니다. (2) '모음 하나 + 자음 하나'로 끝나는 단어는 자음을 하나 더 쓰고 -er과 -est를 붙입니다. (3) '자음 + y'로 끝나는 단어는 y를 i로 바꾸고 -er과 -est를 붙입니다.

C
(1) 모두 중에 고양이가 가장 작아요.   The cat is the smallest of all.

(2) 이게 가장 가벼운 노트북이에요.   This is the lightest laptop.

(3) 그 펜이 모든 것 중에 가장 길어요.   The pen is the longest of all.

대화하기 ▶ 본문 107쪽

Junho Where is Harim's watch? 하림이의 손목시계는 어디에 있나요?

Yujin It is in the drawer . 그것은 서랍 안에 있어요.

Where is Sejun's bag? 세준이의 가방은 어디에 있나요?

Junho It is under the desk . 그것은 책상 아래에 있어요.

확인하기 ▶ 본문 109쪽

A

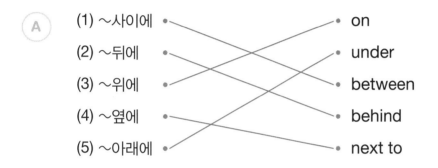

(1) ~사이에   on

(2) ~뒤에   under

(3) ~위에   between

(4) ~옆에   behind

(5) ~아래에   next to

B

(1) 내 손목시계는 어디에 있나요? → Where is my watch?

(2) 그것은 꽃병 앞에 있어요. → It is in front of the vase.

|해설| (1) 물건 하나의 위치를 물을 때는 Where is 뒤에 물건을 넣어서 묻습니다. (2) '~앞에'를 나타내는 표현은 in front of입니다.

C

(1) 린다의 가방은 어디에 있나요? Where is Linda's bag?

(2) 내 열쇠들은 어디에 있나요? Where are my keys?

(3) 그것들은 서랍 안에 있어요. They are in the drawer.

(4) 그것은 꽃병과 책 사이에 있어요. It is between the vase and the book.

|해설| (4) 'A와 B 사이에'는 between A and B 형태로 나타냅니다.

How much is this apple? 이 사과는 얼마인가요?

대화하기 ▶본문 115쪽

Kevin   How much is that watermelon ? 저 수박은 얼마인가요?

Clerk   It's 20,000 won. 그건 2만 원입니다.

Kevin   How much are those strawberries ? 저 딸기들은 얼마인가요?

Clerk   They are 7,000 won. 그것들은 7천 원입니다.

확인하기 ▶본문 117쪽

A   (1) 사과 apple   (2) 복숭아 peach

(3) 자두 plum   (4) 바나나 banana

(5) 키위 kiwi   (6) 오렌지 orange

B   (1) How much (is / are) this pear? 이 배는 얼마인가요?

(2) How much are (this / these) tomatoes? 이 토마토들은 얼마인가요?

|해설| (1) 배 하나가 얼마인지 묻고 있으므로 단수형 is를 씁니다. (2) tomatoes(토마토들)라는 명사의 복수형 앞에는 this의 복수형인 these가 옵니다.

C   (1) 이 수박은 얼마인가요?   How much is this watermelon?

(2) 그건 만 원입니다.   It's 10,000 won.

(3) 이 자두들은 얼마인가요?   How much are these plums?

(4) 그것들은 10달러입니다.   They are 10 dollars.

|해설| (4) 가격을 말할 때 여러 개인 것은 They(그것들)를 주어로 씁니다. dollar는 2달러 이상일 때는 -s를 붙여 복수형으로 씁니다.

⑫ What time is it now? 지금 몇 시니?

대화하기 ▶본문 125쪽

Linda **What time does your restaurant open?** 당신의 식당은 몇 시에 문을 여나요?

Aarav **It opens at eleven thirty .** 11시 30분에 열어요.

Linda **What time does your restaurant close?** 당신의 식당은 몇 시에 문을 닫나요?

Aarav **It closes at eight o'clock .** 8시 정각에 닫아요.

확인하기 ▶본문 127쪽

A
(1) 서른, 30 thirty (2) 지금 now

(3) ~시 (정각) o'clock (4) 시간 time

(5) 여덟, 8 eight (6) 수업 class

B
(1) 지금 몇 시인가요? → **What time is it now?**

(2) 2시 반이에요. → **It's half past two.**

|해설| (2) '몇 시 반'이라고 할 때는 '절반'이라는 뜻의 half와 '~지나서'라는 뜻의 past를 이용해 'half past + 숫자' 형태로 말해요.

C
(1) 3시 15분이에요. **It's three fifteen.**

(2) 6시 정각이에요. **It's six o'clock.**

(3) 네 영어 수업은 몇 시니? **What time is your English class?**

(4) 10시 30분에 문을 엽니다. **It opens at ten thirty.**

|해설| (1) 시간을 말할 때는 시와 분에 해당하는 숫자를 차례대로 말합니다. 숫자 3는 three, 15는 fifteen입니다.

⑬ When is Chuseok? 추석은 언제인가요?

대화하기 ▶본문 133쪽

Kevin   When is your birthday? 당신의 생일은 언제인가요?

Yujin   It's November 3(third) . 11월 3일이에요.

Kevin   When is Junho's birthday? 준호의 생일은 언제인가요?

Yujin   It's May 8(eighth) . It's Parents' Day, too.
5월 8일이에요. 어버이날이기도 하죠.

확인하기 ▶본문 135쪽

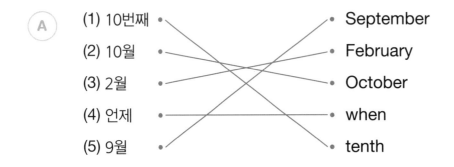

A   (1) 10번째 •   • September
(2) 10월 •   • February
(3) 2월 •   • October
(4) 언제 •   • when
(5) 9월 •   • tenth

B   (1) 그녀는 무엇을 좋아하나요? → What does she like?

(2) 11월 11일이에요. → It's November 11.

|해설| (2) '11월'은 November이고 '일'에는 숫자 11을 그대로 써 줍니다. 읽을 때에는 eleventh라고 합니다. 달(month) 이름은 항상 대문자로 써야 하므로 주의하세요.

C   (1) 린다(Linda)의 생일은 언제인가요?   When is Linda's birthday?

(2) 설날은 언제인가요?   When is New Year's Day?

(3) 5월 8일이에요.   It's May 8.

(4) 오늘은 12월 17일이에요.   It's December 17 today.

|해설| (2) 기념일이 언제인지 물을 때는 When is ~?로 물어봅니다. (3) (4) 날짜를 말할 때는 It을 주어로 해서 월을 나타내는 단어와 일을 나타내는 숫자를 써 줍니다. 8과 17을 읽을 때는 각각 서수인 eighth, seventeenth로 말합니다.

(14) He wasn't tall. 그는 키가 크지 않았어요.

대화하기 ▶본문 145쪽

Yujin   Was Linda thin ? 린다는 말랐었나요?

Kevin   Yes, she was. 네, 그랬어요.

Yujin   Was she weak ? 그녀는 허약했었나요?

Kevin   No, she wasn't. She was healthy. 아뇨, 그렇지 않았어요. 그녀는 건강했어요.

확인하기 ▶본문 147쪽

A

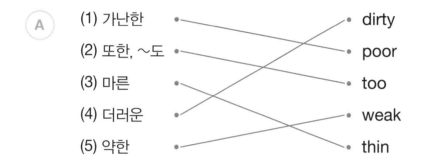

(1) 가난한   dirty

(2) 또한, ~도   poor

(3) 마른   too

(4) 더러운   weak

(5) 약한   thin

B

(1) I (was / were) healthy. 나는 건강했어요.

(2) He (wasn't / weren't) old. 그는 나이 들지 않았어요.

(3) We (was / were) clean. 우리는 깨끗했어요.

|해설| (1) (3) 주어가 I일 때는 am의 과거형인 was, 주어가 we일 때는 are의 과거형인 were를 씁니다.
(2) he가 주어일 때는 is의 과거형인 was를 써야 하는데, 부정문은 was 뒤에 not을 붙입니다. was not은 줄여서 wasn't로 쓸 수 있어요.

C

(1) 그녀는 미혼이었어요.   She was single.

(2) 나는 키가 작지 않았어요.   I wasn't short.

(3) 나도 키가 컸어요.   I was tall, too.

(4) 우리는 부자였어요.   We were rich.

⑮ I listened to music. 저는 음악을 들었어요.

대화하기 ▶본문 153쪽

Sejun   Did you stay at home ? 집에 계셨어요?

Julie   No, I didn't. 아니, 안 그랬어.

Sejun   Did you walk your dog ? 개를 산책시키셨어요?

Julie   Yes, I did. 응, 그랬어.

확인하기 ▶본문 155쪽

A
(1) 청소했다 cleaned
(2) 씻었다 washed
(3) 머물렀다 stayed
(4) 살았다 lived
(5) 걸었다 walked
(6) 울었다 cried

B
(1) I (fix / fixed) my computer. 나는 내 컴퓨터를 수리했어요.

(2) We (studyed / studied) English. 우리는 영어를 공부했어요.

|해설| (2) 동사의 과거형은 보통 동사 끝에 -ed를 붙여서 만들지만, study처럼 '자음 + y'로 끝나는 단어는 y를 i로 바꾸고 -ed를 붙여요.

C
(1) 나는 공원에 걸어갔어요.   I walked to the park.

(2) 당신은 닭고기를 요리했나요?   Did you cook chicken?

(3) 나는 음악을 들었어요.   I listened to music.

(4) 나는 꽃들을 보았어요.   I looked at flowers.

|해설| (2) '당신은 ~했나요?'라고 과거에 했는지 안 했는지 물어볼 때는 Did you 다음에 동사원형을 씁니다.

⑯ I made chicken soup. 전 닭고기 수프를 만들었어요.

대화하기　▶본문 161쪽

Linda　What did you do yesterday? 당신은 어제 무엇을 했나요?

Junho　I rode my bike. 나는 자전거를 탔어요.

　　　What did you do yesterday? 당신은 어제 무엇을 했나요?

Linda　I went skiing . 나는 스키 타러 갔어요.

확인하기　▶본문 163쪽

Ⓐ
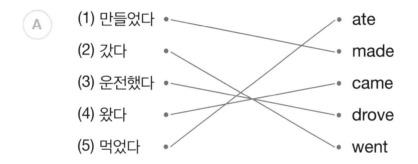

(1) 만들었다　　　　　　　　　ate

(2) 갔다　　　　　　　　　made

(3) 운전했다　　　　　　　　came

(4) 왔다　　　　　　　　　drove

(5) 먹었다　　　　　　　　went

Ⓑ (1) 나는 신문을 읽었어요. → I read the newspaper.

(2) 우리는 함께 저녁을 먹지 않았어요. → We didn't have dinner together.

> |해설| (1) read는 현재형과 과거형의 형태가 동일하므로 '읽다', '읽었다'란 뜻을 모두 나타냅니다.
> (2) 과거를 부정할 때는 did not의 줄임말인 didn't를 동사원형 have 앞에 붙입니다.

Ⓒ (1) 우리는 상을 차렸어요.　We set the table.

(2) 나는 노래했어요.　I sang a song.

(3) 나는 내 친구들을 만났어요.　I met my friends.

(4) 그녀는 어제 요리하지 않았어요.　She didn't cook yesterday.

대화하기 ▶본문 169쪽

Harim   What were you doing when I called? 내가 전화했을 때 뭐 하고 있었어?

Aarav   I was taking a shower . 난 샤워를 하고 있었어.

        What were you doing when I called? 내가 전화했을 때 뭐 하고 있었어?

Harim   I was having dinner . 난 저녁을 먹고 있었어.

확인하기 ▶본문 171쪽

A

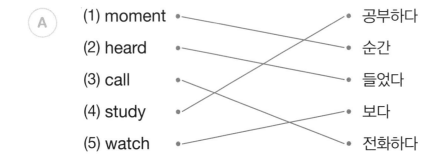

(1) moment •   • 공부하다
(2) heard   •   • 순간
(3) call   •   • 들었다
(4) study   •   • 보다
(5) watch   •   • 전화하다

B   (1) 나는 티브이를 보고 있었어요. → I was watching TV.

    (2) 그녀는 요리하고 있었어요. → She was cooking.

    |해설| 과거진행형은 'be동사의 과거형 + 동사-ing'의 형태로 씁니다. be동사는 주어에 따라 변하는데 I
    와 she는 be동사로 am과 is의 과거형인 was가 옵니다.

C   (1) 그들은 공부하고 있었어요. They were studying.

    (2) 나는 축구를 하고 있었어요. I was playing soccer.

    (3) 그는 샤워를 하고 있었어요. He was taking a shower.

    (4) 내가 전화했을 때 뭐하고 있었어요? What were you doing when I called?

⑱ It was cloudy yesterday. 어제는 날씨가 흐렸어요.

대화하기 ▶본문 177쪽

Junho How's the weather in Seoul? 서울은 날씨가 어때요?

Yujin It is snowing . 눈이 오고 있어요.

How's the weather in Jeju? 제주는 날씨가 어때요?

Junho It is windy . 바람이 불어요.

확인하기 ▶본문 179쪽

A

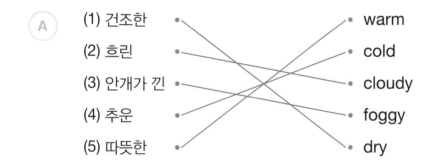

(1) 건조한   warm

(2) 흐린   cold

(3) 안개가 낀   cloudy

(4) 추운   foggy

(5) 따뜻한   dry

B

(1) 오늘은 날씨가 맑아요. → It is sunny today.

(2) 어제는 바람이 불었어요. → It was windy yesterday.

|해설| 지금 날씨는 It is ~.로, 과거의 날씨는 It was ~.로 말합니다.

C

(1) 오늘은 날씨가 더워요.   It is hot today.

(2) 어제는 비가 왔어요.   It rained yesterday.

(3) 어제는 날씨가 흐렸어요.   It was cloudy yesterday.

(4) 서울은 날씨가 어때요?   How's the weather in Seoul?

|해설| (2) '비가 왔다'는 동사 rain(비가 오다)의 과거형 rained(비가 왔다)를 사용해 표현할 수 있어요.

19 I will be a teacher. 저는 교사가 될 거예요.

대화하기 ▶본문 185쪽

Junho Will you go to the concert tonight? 오늘 밤에 콘서트에 갈래요?

Yujin Sorry. I can't. I have other plans. 미안하지만 안 돼요. 난 다른 계획이 있어요.

Will you go to the concert tomorrow? 내일 콘서트에 갈래요?

Junho Sure. 물론이죠.

확인하기 ▶본문 187쪽

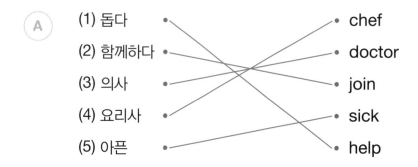

(A)
(1) 돕다 • ——————— • chef
(2) 함께하다 • ——————— • doctor
(3) 의사 • ——————— • join
(4) 요리사 • ——————— • sick
(5) 아픈 • ——————— • help

(B)
(1) 나는 교사가 될 거예요. → I will be a teacher.

(2) 나는 콘서트에 갈 거예요. → I will go to the concert.

|해설| (1) 조동사 will(~할 것이다) 뒤에는 be동사 am의 원래 형태인 be가 옵니다.

(C)
(1) 나는 작가가 될 거예요. I will be a writer.

(2) 나는 학생들을 가르칠 거예요. I will teach students.

(3) 나는 음식을 요리할 거예요. I will cook food.

(4) 오늘 저녁에 우리와 함께 저녁식사 하실래요?
Will you join us for dinner tonight?

|해설| (4) '~하겠어요?'라고 미래에 대한 상대방의 의지를 물어볼 때는 조동사 will이 주어 앞으로 나옵니다.

⑳ I'm going to buy a scarf. 저는 스카프를 살 예정이에요.

대화하기 ▶ 본문 193쪽

Linda　What are you going to do tomorrow? 내일 무엇을 할 예정인가요?

Junho　I'm going to　see a play　. 저는 연극을 볼 예정이에요.

　　　　How about you? 당신은요?

Linda　I'm going to　visit the museum　. 저는 박물관에 갈 예정이에요.

확인하기 ▶ 본문 195쪽

A

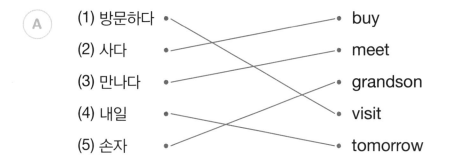

(1) 방문하다　•　　　　　　　• buy
(2) 사다　•　　　　　　　• meet
(3) 만나다　•　　　　　　　• grandson
(4) 내일　•　　　　　　　• visit
(5) 손자　•　　　　　　　• tomorrow

B　(1) 나는 오늘 밤에 내 아들을 만날 예정이에요.

　　→ I'm going to meet my son tonight.

　　(2) 내일 무엇을 할 예정인가요? → What are you going to do tomorrow?

|해설| be going to(~할 예정이다) 뒤에는 동사의 원래 형태를 씁니다.

C　(1) 나는 연극을 볼 예정이에요.　I'm going to see a play.

　　(2) 그는 쇼핑하러 갈 예정이에요.　He is going to go shopping.

　　(3) 전 내일 일하지 않을 예정이에요.　I'm not going to work tomorrow.

|해설| (2) 주어가 he일 때는 is going to의 형태가 됩니다. (3) be going to가 들어간 문장을 부정문으로
　　　바꿀 때에는 be동사 뒤에 not을 씁니다.

PART 3

더 깊이 배우기

말하기 표현

01 감정·상태 ▶030쪽

I'm so _____. 저는 아주 ~해요. ▶ S01

I'm so confused. 저는 아주 혼란스러워요.
I'm so depressed. 저는 아주 우울해요.
I'm so scared. 저는 아주 무서워요.
I'm so annoyed. 저는 아주 짜증이 나요.
I'm so shocked. 저는 아주 충격을 받았어요.
I'm so embarrassed. 저는 아주 난처해요.

I'm so impressed. 저는 아주 감명받았어요.
I'm so amazed. 저는 아주 깜짝 놀랐어요.
I'm so exhausted. 저는 아주 지쳤어요.
I'm so delighted. 저는 아주 기뻐요.
I'm so frightened. 저는 아주 무서워요.
I'm so disappointed. 저는 아주 실망했어요.

02 아픈 곳 ▶038쪽

I have a/an _____. 저는 ~을 앓고 있어요. ▶ S02

I have a toothache. 전 이가 아파요.
I have a backache. 전 허리가 아파요.
I have a stomachache. 전 배가 아파요.
I have a sore throat. 전 인후염이 있어요.
I have a sore eye. 전 눈병이 있어요.
I have a stuffy nose. 전 코가 막혔어요.

I have a bloody nose. 전 코피가 나요.
I have a cough. 전 기침이 나요.
I have a fever. 전 열이 나요.
I have a bruise. 전 멍이 들었어요.
I have a rash. 전 발진이 생겼어요.
I have an earache. 전 귀가 아파요.

03 취미 ▶046쪽

I like _____. 저는 ~하는 것을 좋아해요. ▶ S03-1

I like dancing. 저는 춤추는 것을 좋아해요.
I like gardening. 저는 정원 가꾸기를 좋아해요.
I like knitting. 저는 뜨개질하는 것을 좋아해요.

I like listening to music. 저는 음악 듣기를 좋아해요.
I like reading books. 저는 책 읽기를 좋아해요.
I like taking pictures. 저는 사진 찍기를 좋아해요.

I don't like _____. 저는 ~하는 것을 좋아하지 않아요. ▶ S03-2

I don't like fishing. 저는 낚시하는 것을 좋아하지 않아요.

I don't like exercising. 저는 운동하는 것을 좋아하지 않아요.

I don't like painting. 저는 그림 그리기를 좋아하지 않아요.

I don't like playing the drums. 저는 드럼 연주하는 것을 좋아하지 않아요.

I don't like riding my bike. 저는 자전거 타는 것을 좋아하지 않아요.

I don't like watching movies. 저는 영화 보는 것을 좋아하지 않아요.

04 하고 싶은 일 ▶ 054쪽

I want to _____. 저는 ~하고 싶어요. ▶ S04-1

I want to cry. 저는 울고 싶어요.

I want to ski. 저는 스키 타고 싶어요.

I want to drink coffee. 저는 커피 마시고 싶어요.

I want to eat something. 저는 뭔가 먹고 싶어요.

I want to text my son. 저는 아들에게 문자를 보내고 싶어요.

I want to see a doctor. 저는 병원 진료를 받고 싶어요.

I want to wash my hair. 저는 머리를 감고 싶어요.

I want to go to bed. 저는 잠자리에 들고 싶어요.

I don't want to _____. 저는 ~하고 싶지 않아요. ▶ S04-2

I don't want to sleep. 저는 자고 싶지 않아요.

I don't want to run. 저는 달리고 싶지 않아요.

I don't want to go home. 저는 집에 가고 싶지 않아요.

I don't want to go bowling. 저는 볼링 치러 가고 싶지 않아요.

I don't want to get up early. 저는 일찍 일어나고 싶지 않아요.

I don't want to cook dinner. 저는 저녁을 요리하고 싶지 않아요.

05 해야 하는 집안일 ▶062쪽

> **I have to** _____. 저는 ~해야 해요.   ▶ S05

I have to iron my clothes. 저는 옷을 다리미질해야 해요.

I have to clean the bathroom. 저는 화장실을 청소해야 해요.

I have to mop the floor. 저는 바닥을 걸레질해야 해요.

I have to wash my car. 저는 세자해야 해요.

I have to water the plants. 저는 식물에 물을 줘야 해요.

I have to throw away the garbage. 저는 쓰레기를 버려야 해요.

I have to wash the windows. 저는 창문을 닦아야 해요.

I have to feed my dog. 저는 개에게 밥을 줘야 해요.

I have to do household chores. 저는 집안일을 해야 해요.

06 외모 ▶072쪽

> **He/She has** _____. 그는/그녀는 ~을 갖고 있어요.   ▶ S06

He has blond hair. 그는 금발을 갖고 있어요.

He has black hair. 그는 검은 머리를 갖고 있어요.

He has gray hair. 그는 회색 머리를 갖고 있어요.

He has curly hair. 그는 곱슬머리를 갖고 있어요.

He has white teeth. 그는 하얀 이를 갖고 있어요.

He has dark eyes. 그는 검은 눈을 갖고 있어요.

He has a big nose. 그는 큰 코를 갖고 있어요.

She has red hair. 그녀는 빨간 머리를 갖고 있어요.

She has short hair. 그녀는 짧은 머리를 갖고 있어요.

She has wavy hair. 그녀는 물결 모양의 곱슬머리를 갖고 있어요.

She has straight hair. 그녀는 생머리를 갖고 있어요.

She has red lips. 그녀는 빨간 입술을 갖고 있어요.

She has small eyes. 그녀는 작은 눈을 갖고 있어요.

She has double eyelids. 그녀는 쌍꺼풀을 갖고 있어요.

07 특정 요일마다 하는 활동 ▶ 080쪽

He/She _____ on _____.

그는/그녀는 ~요일마다 ~해요.

▶ S07

He goes for a swim **on** Mondays. 그는 월요일마다 수영하러 가요.
He goes to the park **on** Tuesdays. 그는 화요일마다 공원에 가요.
He makes pizza **on** Wednesdays. 그는 수요일마다 피자를 만들어요.
He meets his friends **on** Thursdays. 그는 목요일마다 친구들을 만나요.
She studies English **on** Fridays. 그녀는 금요일마다 영어를 공부해요.
She does yoga **on** Saturdays. 그녀는 토요일마다 요가를 해요.
She eats out **on** Sundays. 그녀는 일요일마다 외식해요.

08 다른 것보다 더 어떠한 것 ▶ 088쪽

My _____ is _____ than yours.

제 ~는 당신 것보다 더 ~해요.

▶ S08

My car **is** newer **than yours.** 제 차는 당신 것보다 더 새거예요.
My computer **is** older **than yours.** 제 컴퓨터는 당신 것보다 더 오래됐어요.
My desk **is** wider **than yours.** 제 책상은 당신 것보다 폭이 더 넓어요.
My bedroom **is** narrower **than yours.** 제 침실은 당신 것보다 더 좁아요.
My skirt **is** longer **than yours.** 제 치마는 당신 것보다 더 길어요.
My pencil **is** shorter **than yours.** 제 연필은 당신 것보다 더 짧아요.
My dictionary **is** thicker **than yours.** 제 사전은 당신 것보다 더 두꺼워요.
My notebook **is** thinner **than yours.** 제 공책은 당신 것보다 더 얇아요.
My watch **is** cheaper **than yours.** 제 시계는 당신 것보다 더 저렴해요.
My coat **is** more expensive **than yours.** 제 코트는 당신 것보다 더 비싸요.
My bag **is** smaller **than yours.** 제 가방은 당신 것보다 더 작아요.
My TV **is** worse **than yours.** 제 TV는 당신 것보다 더 안 좋아요.

09 가장 어떠한 것 ▶ 096쪽

This _____ **is the** _____ **of all.**
이 ~은 모든 것 중에 가장 ~해요.

▶ S09

This pencil **is the** shortest **of all.** 이 연필은 모든 것 중에 가장 짧아요.
This bus **is the** fastest **of all.** 이 버스는 모든 것 중에 가장 빨라요.
This dumbbell **is the** lightest **of all.** 이 아령은 모든 것 중에 가장 가벼워요.
This laptop **is the** newest **of all.** 이 노트북은 모든 것 중에 가장 최신이에요.
This phone **is the** oldest **of all.** 이 전화기는 모든 것 중에 가장 오래됐어요.
This road **is the** widest **of all.** 이 길은 모든 것 중에 가장 넓어요.
This room **is the** narrowest **of all.** 이 방은 모든 것 중에 가장 좁아요.
This belt **is the** cheapest **of all.** 이 벨트는 모든 것 중에 가장 저렴해요.
This ring **is the** most expensive **of all.** 이 반지는 모든 것 중에 가장 비싸요.

10 위치 ▶ 106쪽

It is _____. 그것은 (위치에) 있어요.

▶ S10-1

It is above the sofa. 그것은 소파 위쪽에 있어요.
It is next to the tissue. 그것은 화장지 옆에 있어요.
It is in the box. 그것은 상자 안에 있어요.
It is behind the lamp. 그것은 램프 뒤에 있어요.
It is in front of the computer. 그것은 컴퓨터 앞에 있어요.
It is between the sofa and the chair. 그것은 소파와 의자 사이에 있어요.

They are _____. 그것들은 (위치에) 있어요.

▶ S10-2

They are on the bed. 그것들은 침대 위에 있어요.
They are under the table. 그것들은 탁자 아래에 있어요.
They are next to the computer. 그것들은 컴퓨터 옆에 있어요.
They are behind the hat. 그것들은 모자 뒤에 있어요.
They are in front of the mirror. 그것들은 거울 앞에 있어요.
They are between the book and the vase. 그것들은 책과 꽃병 사이에 있어요.

11 물건의 가격 ▶114쪽

▶114쪽

How much is this _____? 이 ~은 얼마예요? ▶ S11-1

How much is this pear? 이 배는 얼마예요?
How much is this orange? 이 오렌지는 얼마예요?
How much is this lemon? 이 레몬은 얼마예요?
How much is this peach? 이 복숭아는 얼마예요?
How much is this watermelon? 이 수박은 얼마예요?
How much is this melon? 이 멜론은 얼마예요?
How much is this mango? 이 망고는 얼마예요?

How much are these _____? 이 ~들은 얼마예요? ▶ S11-2

How much are these plums? 이 자두들은 얼마예요?
How much are these persimmons? 이 감들은 얼마예요?
How much are these kiwis? 이 키위들은 얼마예요?
How much are these tomatoes? 이 토마토들은 얼마예요?
How much are these strawberries? 이 딸기들은 얼마예요?
How much are these grapes? 이 포도들은 얼마예요?
How much are these tangerines? 이 귤들은 얼마예요?

12 시간 ▶124쪽

▶124쪽

It's _____. (시간)이에요. ▶ S12

It's five o'clock. 5시 정각이에요.
It's three twenty. 3시 20분이에요.
It's six thirty-five. 6시 35분이에요.
It's twenty past one. 1시 20분이에요.
It's eleven fifty. 11시 50분이에요.
It's ten to seven. 6시 50분이에요.

It's nine thirty. 9시 30분이에요.
It's half past four. 4시 반이에요.
It's two fifteen. 2시 15분이에요.
It's a quarter past ten. 10시 15분이에요.
It's twelve forty-five. 12시 45분이에요.
It's a quarter to nine. 8시 45분이에요.

13 날짜 ▶ 132쪽

It's _____ **today.** 오늘은 ~월 ~일이에요. ▶ S13

It's January 2(second) **today.** 오늘은 1월 2일이에요.

It's February 25(twenty-fifth) **today.** 오늘은 2월 25일이에요.

It's March 7(seventh) **today.** 오늘은 3월 7일이에요.

It's April 21(twenty-first) **today.** 오늘은 4월 21일이에요.

It's May 12(twelfth) **today.** 오늘은 5월 12일이에요.

It's June 29(twenty-ninth) **today.** 오늘은 6월 29일이에요.

It's July 4(fourth) **today.** 오늘은 7월 4일이에요.

It's August 15(fifteenth) **today.** 오늘은 8월 15일이에요.

It's September 18(eighteenth) **today.** 오늘은 9월 18일이에요.

It's October 30(thirtieth) **today.** 오늘은 10월 30일이에요.

It's November 16(sixteenth) **today.** 오늘은 11월 16일이에요.

It's December 11(eleventh) **today.** 오늘은 12월 11일이에요.

14 반대 의미를 갖는 형용사 ▶ 144쪽

I was _____. **I wasn't** _____.

저는 ~이었어요. ~이지 않았어요. ▶ S14

I was rich. I wasn't poor. 저는 부유했어요. 가난하지 않았어요.

I was thin. I wasn't fat. 저는 말랐었어요. 뚱뚱하지 않았어요.

I was young. I wasn't old. 저는 젊었어요. 나이 들지 않았어요.

I was weak. I wasn't strong. 저는 약했어요. 강하지 않았어요.

I was healthy. I wasn't ill. 저는 건강했어요. 아프지 않았어요.

I was hungry. I wasn't full. 저는 배고팠어요. 배부르지 않았어요.

I was happy. I wasn't sad. 저는 행복했어요. 슬프지 않았어요.

I was fast. I wasn't slow. 저는 빨랐어요. 느리지 않았어요.

I was diligent. I wasn't lazy. 저는 부지런했어요. 게으르지 않았어요.

I was tall. I wasn't short. 저는 키가 컸어요. 키가 작지 않았어요.

I was outgoing. I wasn't shy. 저는 외향적이었어요. 수줍음을 많이 타지 않았어요.

15 과거에 한 행동 (1) ▶152쪽

I _____. 저는 ~했어요.   ▶ S15

I stayed at home. 저는 집에 머물렀어요.
I studied English. 저는 영어를 공부했어요.
I washed my hair. 저는 머리를 감았어요.
I fixed my car. 저는 제 차를 고쳤어요.
I jogged with my son. 저는 제 아들과 함께 조깅했어요.
I played the violin. 저는 바이올린을 연주했어요.
I worked late. 저는 늦게까지 일했어요.
I cooked dinner. 저는 저녁을 요리했어요.
I cleaned my house. 저는 집을 청소했어요.
I walked my dog. 저는 개를 산책시켰어요.
I lived in Seoul. 저는 서울에 살았어요.

16 과거에 한 행동 (2) ▶160쪽

I _____ **yesterday.** 저는 어제 ~했어요.   ▶ S16

I drove my car **yesterday.** 저는 어제 차를 운전했어요.
I went camping **yesterday.** 저는 어제 캠핑을 갔어요.
I went to school **yesterday.** 저는 어제 학교에 갔어요.
I came home **yesterday.** 저는 어제 집에 왔어요.
I read a book **yesterday.** 저는 어제 책을 읽었어요.
I met my granddaughter **yesterday.** 저는 어제 손녀를 만났어요.
I took a walk **yesterday.** 저는 어제 산책했어요.
I took a shower **yesterday.** 저는 어제 샤워를 했어요.
I rode my bike **yesterday.** 저는 어제 자전거를 탔어요.
I drank coffee **yesterday.** 저는 어제 커피를 마셨어요.
I ate a hamburger **yesterday.** 저는 어제 햄버거를 먹었어요.

17 과거에 하고 있었던 일 ▶168쪽

I was _____. 저는 ~하고 있었어요.   ▶ S17

I was eating breakfast. 저는 아침을 먹고 있었어요.

I was having lunch. 저는 점심을 먹고 있었어요.

I was having dinner with my family. 저는 우리 가족과 저녁을 먹고 있었어요.

I was answering the phone. 서는 전화를 받고 있었어요.

I was pulling my suitcase. 저는 제 여행 가방을 끌고 있었어요.

I was taking a shower. 저는 샤워를 하고 있었어요.

I was going home. 저는 집으로 가고 있었어요.

I was knitting a scarf. 저는 목도리를 짜고 있었어요.

I was helping my son. 저는 제 아들을 도와주고 있었어요.

I was taking care of my grandson. 저는 손자를 돌보고 있었어요.

I was surfing the Internet. 저는 인터넷 서핑을 하고 있었어요.

18 날씨 ▶176쪽

It is _____ **today.** 오늘은 (날씨가) ~해요.   ▶ S18-1

It is cold **today.** 오늘은 추워요.

It is cool **today.** 오늘은 시원해요.

It is windy **today.** 오늘은 바람이 불어요.

It is foggy **today.** 오늘은 안개가 꼈어요.

It is humid **today.** 오늘은 습해요.

It is dry **today.** 오늘은 건조해요.

It is raining **today.** 오늘은 비가 오고 있어요.

It is snowing **today.** 오늘은 눈이 오고 있어요.

It (was) _____ **yesterday.** 어제는 (날씨가) ~했어요.   ▶ S18-2

It was hot **yesterday.** 어제는 더웠어요.

It was warm **yesterday.** 어제는 따뜻했어요.

It was windy **yesterday.** 어제는 바람이 불었어요.

It was foggy **yesterday.** 어제는 안개가 꼈어요.

It was humid **yesterday.** 어제는 습했어요.

It was dry **yesterday.** 어제는 건조했어요.

It rained yesterday. 어제는 비가 왔어요.

It snowed yesterday. 어제는 눈이 왔어요.

19 미래에 할 일 ▶ 184쪽

I will be a/an _____. **I will** _____.

저는 ~이 될 거예요. 전 ~할 거예요.

▶ S19

I will be a musician. **I will** play the guitar. 저는 음악가가 될 거예요. 전 기타를 칠 거예요.
I will be a pilot. **I will** fly airplanes. 저는 비행사가 될 거예요. 전 비행기를 조종할 거예요.
I will be a writer. **I will** write books. 저는 작가가 될 거예요. 전 책을 쓸 거예요.
I will be a poet. **I will** write poems. 저는 시인이 될 거예요. 전 시를 쓸 거예요.
I will be a hairdresser. **I will** cut hair. 저는 미용사가 될 거예요. 전 머리를 자를 거예요.
I will be an artist. **I will** paint pictures. 저는 예술가가 될 거예요. 전 그림을 그릴 거예요.
I will be a dancer. **I will** dance. 저는 무용수가 될 거예요. 전 춤을 출 거예요.
I will be a nurse. **I will** look after patients. 저는 간호사가 될 거예요. 전 환자들을 돌볼 거예요.
I will be a baker. **I will** bake bread. 저는 제빵사가 될 거예요. 전 빵을 구울 거예요.
I will be a salesperson. **I will** sell goods. 저는 판매원이 될 거예요. 전 제품을 판매할 거예요.
I will be a cleaner. **I will** clean the streets. 저는 환경미화원이 될 거예요. 전 거리를 청소할 거예요.

20 미래 시간 표현 ▶ 192쪽

I'm going to _____. 저는 (언제) ~할 예정이에요.

▶ S20

I'm going to do yoga tonight. 저는 오늘 밤에 요가를 할 예정이에요.
I'm going to see a movie tonight. 저는 오늘 밤에 영화를 볼 예정이에요.
I'm going to go to a shopping mall tomorrow. 저는 내일 쇼핑몰에 갈 예정이에요.
I'm going to take the bus tomorrow. 저는 내일 버스를 탈 예정이에요.
I'm going to see a play the day after tomorrow. 저는 모레 연극을 볼 예정이에요.
I'm going to go camping this weekend. 저는 이번 주말에 캠핑을 갈 예정이에요.
I'm going to have a picnic next weekend. 저는 다음 주말에 소풍을 갈 예정이에요.
I'm going to go to church next Sunday. 저는 다음 주 일요일에 교회에 갈 예정이에요.
I'm going to get some rest next month. 저는 다음 달에 휴식을 취할 예정이에요.
I'm going to go to Canada next year. 저는 내년에 캐나다에 갈 예정이에요.

한눈에 보는 문법 정리표

● **인칭대명사** ▶90쪽

주격은 '~은/는/이/가', 소유격(소유 형용사)은 '~의', 목적격은 '~을/를', 소유 대명사는 '~의 것'이라는 뜻을 가집니다.

주격 (~은/는/이/가)	소유격 (~의)	목적격 (~을/를)	소유 대명사 (~의 것)
I [아이] 나는	**my** [마이] 나의	**me** [미] 나를	**mine** [마인] 나의 것
you [유] 너(희)는	**your** [유어] 너(희)의	**you** [유] 너(희)를	**yours** [유어즈] 너(희)의 것
he [히] 그는	**his** [히즈] 그의	**him** [힘] 그를	**his** [히즈] 그의 것
she [쉬] 그녀는	**her** [허] 그녀의	**her** [허] 그녀를	**hers** [허즈] 그녀의 것
we [위] 우리는	**our** [아워] 우리의	**us** [어스] 우리를	**ours** [아워즈] 우리의 것
they [데이] 그(것)들은	**their** [데어] 그(것)들의	**them** [뎀] 그(것)들을	**theirs** [데어즈] 그(것)들의 것

● **be동사의 변화** ▶32쪽, 108쪽, 116쪽, 146쪽, 194쪽

'~이다', '~있다'라는 뜻의 be동사는 주어에 따라 am, are, is로 형태가 변합니다.

인칭과 수	주어 + be동사	뜻
1인칭 단수	**I am** [아이 앰]	나는 ~이다
1인칭 복수	**We are** [위 아]	우리는 ~이다
2인칭 단수/복수	**You are** [유 아]	너(희)는 ~이다
3인칭 단수	**He is** [히 이즈] **She is** [쉬 이즈] **It is** [잇 이즈]	그는 ~이다 그녀는 ~이다 그것은 ~이다
3인칭 복수	**They are** [데이 아]	그(것)들은 ~이다

● 줄임말 ▶40쪽, 64쪽, 114쪽, 146쪽, 162쪽, 186쪽

'주어 + be동사'는 주어 뒤에 '를 써서 짧게 줄여 쓸 수 있습니다. 마찬가지로 부정문을 만들 때도 not을 n't로 줄여 쓸 수 있습니다.

주어 + be동사	줄임말	부정문	줄임말
I am [아이 앰]	**I'm** [아임]	**is not** [이즈 낫]	**isn't** [이즌트]
You are [유 아]	**You're** [유어]	**are not** [아 낫]	**aren't** [안트]
He is [히 이즈]	**He's** [히즈]	**do not** [두 낫]	**don't** [돈트]
She is [쉬 이즈]	**She's** [쉬즈]	**does not** [더즈 낫]	**doesn't** [더즌트]
We are [위 아]	**We're** [위어]	**did not** [디드 낫]	**didn't** [디든트]
They are [데이 아]	**They're** [데이어]	**was not** [워즈 낫]	**wasn't** [워즌트]
It is [잇 이즈]	**It's** [이츠]	**were not** [워 낫]	**weren't** [원트]
That is [댓 이즈]	**That's** [대츠]	**will not** [윌 낫]	**won't** [워운트]

● be동사가 들어간 문장의 현재형 부정문과 의문문 ▶31쪽, 32쪽

be동사가 들어간 문장의 부정문을 만들 때는 be동사 뒤에 not을 붙입니다. are not은 aren't 로, is not은 isn't로 줄여 쓸 수 있습니다. 의문문에서는 be동사와 주어의 순서를 바꿔 줍니다.

평서문	부정문	의문문
I'm ~. 나는 ~이다.	**I'm not ~.** 나는 ~이 아니다.	**Am I ~?** 나는 ~인가?
You are ~. 너(희)는 ~이다.	**You are not ~.** 너(희)는 ~이 아니다.	**Are you ~?** 너(희)는 ~인가?
He is ~. 그는 ~이다.	**He is not ~.** 그는 ~이 아니다.	**Is he ~?** 그는 ~인가?

● 일반동사가 들어간 문장의 부정문과 의문문 ▶ 40쪽, 47쪽, 64쪽, 73쪽, 74쪽, 82쪽

일반동사가 들어간 문장의 부정문을 만들 때 3인칭 단수 주어는 동사 앞에 doesn't를, 나머지 주어는 동사 앞에 don't를 붙입니다. 한편 의문문을 만들 때 3인칭 단수 주어는 앞에 does를, 나머지 주어는 앞에 do를 씁니다. 이때 뒤에 나오는 동사는 원래 형태로 들어갑니다.

평서문	부정문	의문문
I like ~. 나는 ~을 좋아한다.	**I don't like ~.** 나는 ~을 좋아하지 않는다.	**Do I like ~?** 나는 ~을 좋아하는가?
You like ~. 너(희)는 ~을 좋아한다.	**You don't like ~.** 너(희)는 ~을 좋아하지 않는다.	**Do you like ~?** 너(희)는 ~을 좋아하는가?
He likes ~. 그는 ~을 좋아한다.	**He doesn't like ~.** 그는 ~을 좋아하지 않는다.	**Does he like ~?** 그는 ~을 좋아하는가?

● 동사 + -ing 만들기 ▶ 46쪽, 170쪽

동사를 '~하기, ~하는 것'이라는 뜻으로 만드는 동명사는 동사에 -ing를 붙입니다. '~하고 있었다'를 뜻하는 과거 진행형도 be동사의 과거형(was, were) 뒤에 동사-ing형을 씁니다. 동사에 -ing를 붙이는 방법은 다음과 같습니다.

동사의 형태	동사-ing형 만드는 법	예
e로 끝나는 동사	e를 빼고 + -ing	**dance** [댄스] 춤추다 → **dancing** [댄씽] 춤추기 **hike** [하이크] 하이킹하다 → **hiking** [하이킹] 하이킹하기
'모음 하나 + 자음 하나(x, y 제외)'로 끝나는 동사	마지막 자음을 하나 더 붙이고 + -ing	**jog** [자그] 조깅하다 → **jogging** [자깅] 조깅하기 **swim** [스윔] 수영하다 → **swimming** [스위밍] 수영하기
그 외의 동사	+ -ing	**read** [리드] 읽다 → **reading** [리딩] 읽기 **fix** [픽스] 고치다 → **fixing** [픽씽] 고치기

● 일반동사의 3인칭 단수형 만들기 ▶74쪽, 82쪽

현재시제에서 주어가 3인칭 단수(he, she, 사람 이름 등)일 때, 동사에 -s나 -es를 붙입니다.

동사의 형태	3인칭 단수형 만드는 법	예
s로 끝나는 동사 x로 끝나는 동사 sh로 끝나는 동사 ch로 끝나는 동사 o로 끝나는 동사	+ -es	**pass** [패스] → **passes** [패씨즈] 지나가다 **fix** [픽스] → **fixes** [픽씨즈] 고치다 **wash** [워쉬] → **washes** [워쉬즈] 씻다 **teach** [티치] → **teaches** [티치즈] 가르치다 **go** [고우] → **goes** [고우즈] 가다
자음 + y로 끝나는 동사	y를 i로 고치고 + -es	**cry** [크라이] → **cries** [크라이즈] 울다
불규칙 동사	불규칙한 형태	**have** [해브] → **has** [해즈] 갖고 있다
그 외의 단어	+ -s	**clean** [클린] → **cleans** [클린즈] 청소하다

● 비교급과 최상급 만들기 ▶88쪽, 96쪽

비교급은 형용사의 원래 형태(원급)에 -er을 붙여 만들고, 최상급은 -est를 붙여 만듭니다.

형용사의 형태	비교급·최상급 만드는 법	예
자음 + y로 끝나는 형용사	y를 i로 고치고 + -er/est	**heavy** [헤비] 무거운 → **heavier** [헤비어] 더 무거운 → **heaviest** [헤비이스트] 가장 무거운
e로 끝나는 형용사	+ -r/st	**wide** [와이드] 폭이 넓은 → **wider** [와이더] 폭이 더 넓은 → **widest** [와이디스트] 폭이 가장 넓은
'모음 하나 + 자음 하나'로 끝나는 형용사	마지막 자음을 하나 더 붙이고 + -er/est	**big** [빅] 큰 → **bigger** [비거] 더 큰 → **biggest** [비기스트] 가장 큰
여러 음절의 긴 형용사	more/most + 형용사	**expensive** [익스펜씨브] 비싼 → **more expensive** [모어 익스펜씨브] 더 비싼 → **most expensive** [모스트 익스펜씨브] 가장 비싼
불규칙한 형용사	불규칙한 형태	**good** [굿] 좋은 → **better** [베터] 더 좋은 → **best** [베스트] 가장 좋은
그 외의 형용사	+ -er/est	**long** [롱] 긴 → **longer** [롱거] 더 긴 → **longest** [롱기스트] 가장 긴

● 명사의 복수형 만들기 ▶116쪽

두 개 이상의 셀 수 있는 명사는 복수형으로 나타내는데, 보통 단어 끝에 -s나 -es를 붙입니다.

단어의 형태	명사의 복수형 만드는 법	예
s로 끝나는 단어 x로 끝나는 단어 sh로 끝나는 단어 ch로 끝나는 단어	+ -es	**bus** [버스] → **buses** [버씨즈] 버스들 **box** [박스] → **boxes** [박씨즈] 상자들 **dish** [디쉬] → **dishes** [디쉬즈] 접시들 **peach** [피치] → **peaches** [피치즈] 복숭아들
자음 + y로 끝나는 단어	y를 i로 고치고 + -es	**strawberry** [스트로베리] → **strawberries** [스트로베리즈] 딸기들
f, fe로 끝나는 단어	f를 v로 고치고 + -es	**scarf** [스카프] → **scarves** [스카브즈] 목도리들 **knife** [나이프] → **knives** [나이브즈] 칼들
o로 끝나는 단어	+ -es	**tomato** [터메이토우] → **tomatoes** [터메이토우즈] 토마토들
o로 끝나는 단어 (예외)	+ -s	**piano** [피애노우] → **pianos** [피애노우즈] 피아노들
불규칙한 단어	불규칙한 형태	**tooth** [투쓰] → **teeth** [티쓰] 치아들
그 외의 단어	+ -s	**apple** [애플] → **apples** [애플즈] 사과

● be동사의 과거형 ▶146쪽, 170쪽, 178쪽

am과 is의 과거형은 was이고, are의 과거형은 were입니다.

주어	be동사 과거형	뜻
I **He** **She** **It**	**was** [워즈]	나는 ~이었다 그는 ~이었다 그녀는 ~이었다 그것은 ~이었다
You **They** **We**	**were** [워]	너(희)는 ~이었다 그들은 ~이었다 우리는 ~이었다

● be동사가 들어간 문장의 과거형 부정문과 의문문 ▶ 145쪽, 146쪽

부정문을 만들 때는 be동사의 과거형인 was나 were 뒤에 not을 붙이는데, wasn't와 weren't로 줄여 쓸 수도 있습니다. 의문문을 만들 때는 was, were와 주어의 위치를 서로 바꿉니다.

평서문	부정문	의문문
I was ~. 나는 ~이었다.	**I was not ~.** 나는 ~아니었다.	**Was I ~?** 나는 ~이었는가?
You were ~. 너(희)는 ~이었다.	**You were not ~.** 너(희)는 ~아니었다.	**Were you ~?** 너(희)는 ~이었는가?
He was ~. 그는 ~이었다.	**He was not ~.** 그는 ~아니었다.	**Was he ~?** 그는 ~이었는가?

● 일반동사가 들어간 문장의 과거형 부정문과 의문문 ▶ 153쪽, 162쪽

부정문을 만들 때는 동사 앞에 did not의 줄임말인 didn't를 붙이는데, 이때 뒤에는 동사의 원래 형태가 옵니다. 의문문을 만들 때는 did를 주어 앞에 붙이는데, 마찬가지로 뒤의 동사는 원래 형태가 되어야 합니다.

평서문	부정문	의문문
I liked ~. 나는 ~을 좋아했다.	**I didn't like ~.** 나는 ~을 좋아하지 않았다.	**Did I like ~?** 나는 ~을 좋아했는가?
You liked ~. 너(희)는 ~을 좋아했다.	**You didn't like ~.** 너(희)는 ~을 좋아하지 않았다.	**Did you like ~?** 너(희)는 ~을 좋아했는가?
He liked ~. 그는 ~을 좋아했다.	**He didn't like ~.** 그는 ~을 좋아하지 않았다.	**Did he like ~?** 그는 ~을 좋아했는가?

● 규칙 동사의 과거형 만들기 ▶154쪽

동사의 과거형은 보통 동사 뒤에 -ed를 붙여 만듭니다. 이런 동사를 규칙 동사라고 합니다.

동사의 형태	과거형 만드는 법	예
e로 끝나는 동사	+ -d	**dance** [댄스] → **danced** [댄스트] 춤췄다
자음 + y로 끝나는 동사	y를 i로 고치고 + -ed	**study** [스터디] → **studied** [스터디드] 공부했다
'모음 하나 + 자음 하나'로 끝나는 동사	마지막 자음을 하나 더 붙이고 + -ed	**stop** [스탑] → **stopped** [스탑트] 멈췄다
그 외의 동사	+ -ed	**walk** [워크] → **walked** [웍트] 걸었다

● 불규칙 동사의 과거형 ▶162쪽

동사 중에는 현재형과 과거형의 형태가 전혀 다르거나 같은 형태인 불규칙한 것들도 있습니다. 이런 동사는 불규칙 동사라고 하는데, -ed를 붙여 과거형을 만들지 않습니다.

현재형	과거형
do [두] 하다	**did** [디드] 했다
have [해브] 갖고 있다, 먹다	**had** [해드] 갖고 있었다, 먹었다
drive [드라이브] 운전하다	**drove** [드로우브] 운전했다
eat [잇] 먹다	**ate** [에잇] 먹었다
drink [드링크] 마시다	**drank** [드랭크] 마셨다
come [컴] 오다	**came** [케임] 왔다
go [고우] 가다	**went** [웬트] 갔다
make [메이크] 만들다	**made** [메이드] 만들었다
meet [미트] 만나다	**met** [멧] 만났다
ride [라이드] 타다	**rode** [로우드] 탔다
sit [씻] 앉다	**sat** [쌧] 앉았다
sing [씽] 노래하다	**sang** [쌩] 노래했다
sleep [슬립] 자다	**slept** [슬렙] 잤다
take [테이크] 잡다	**took** [툭] 잡았다
read [리드] 읽다	**read** [레드] 읽었다

● will이 들어간 문장의 부정문과 의문문 ▶ 185쪽, 186쪽

불확실한 먼 미래의 일은 will로 나타냅니다. will이 들어간 문장의 부정문은 will 뒤에 not을 붙이면 되는데 won't로 줄여 쓸 수도 있습니다. 의문문은 will과 주어의 위치를 바꿔 줍니다.

평서문	부정문	의문문
I will ~. 나는 ~할 것이다.	**I will not ~.** 나는 ~하지 않을 것이다.	**Will I ~?** 나는 ~할 것인가?
You will ~. 너(희)는 ~할 것이다.	**You will not ~.** 너(희)는 ~하지 않을 것이다.	**Will you ~?** 너(희)는 ~할 것인가?
He will ~. 그는 ~할 것이다.	**He will not ~.** 그는 ~하지 않을 것이다.	**Will he ~?** 그는 ~할 것인가?

● be going to가 들어간 문장의 부정문과 의문문 ▶ 194쪽

예정된 미래의 일은 be going to로 나타냅니다. 부정문은 be동사 뒤에 not을 붙이면 되고, 의문문은 be동사와 주어의 순서를 서로 바꿔 주면 됩니다.

평서문	부정문	의문문
I'm going to ~. 나는 ~할 예정이다.	**I'm not going to ~.** 나는 ~하지 않을 예정이다.	**Am I going to ~?** 나는 ~할 예정인가?
You are going to ~. 너(희)는 ~할 예정이다.	**You are not going to ~.** 너(희)는 ~하지 않을 예정이다.	**Are you going to ~?** 너(희)는 ~할 예정인가?
He is going to ~. 그는 ~할 예정이다.	**He is not going to ~.** 그는 ~하지 않을 예정이다.	**Is he going to ~?** 그는 ~할 예정인가?

영상 강의 이용 방법 (스마트폰)

1 각 단원의 첫 페이지 좌측 상단에 있는 QR코드를 스마트폰으로 찍으세요.

2 강의가 재생됩니다.

MP3 음원 및 음성 강의 이용 방법(스마트폰 및 컴퓨터)

스마트폰

1 단원 내의 학습 코너마다 우측 상단에 있는 QR코드를 스마트폰으로 찍으세요.

2 재생 버튼(▶)을 누르시면 음원이 재생됩니다.

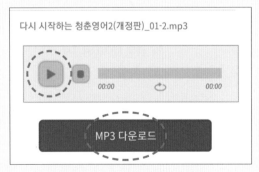

3 음원 파일을 스마트폰에 다운로드 받고 싶으시면 MP3 다운로드 버튼을 누르세요.

컴퓨터

1 다락원 홈페이지(www.darakwon.co.kr)에 들어가셔서 회원 가입과 로그인을 하신 후, 화면 상단의 검색창에 '다시 시작하는 청춘 영어 2'을 입력하세요. 검색 결과 중에서 [도서]를 선택하세요..

2 오른쪽 일반 자료에서 MP3를 클릭하시고 파일을 다운로드 받으시면 됩니다.

3 다운로드한 파일을 재생하세요.